叢書「所謂資優」總序

我在牛頓雜誌的專欄某一期曾經寫了一段前言。引述如下：

思考比學習更重要──思考才是真正的學習。

教師與家長都很容易犯的一個毛病，就是把「知識」與「了解」混為一談。於是對於學生與子女的教育，都著重在「知識」上，我們的教育目標只在於兩個關鍵性的聯考，而對於這種規模的考試，先天上就不可能期待有什麼題目可以分辨知識與了解。（當然，我的意見和那些教育測驗專家不一樣！）

我讀過荀子的那句話「吾嘗終日而思矣，不如須臾之所學也」，那時候我就思考很久，而得到這個結論：「荀子說的沒錯──那是指知識而言，純讀書（專心再加下不錯的記憶力），一個小時就可以記下很多知識內容，但是若以理解來說，那他就錯了！ 終日所讀背下 100 條公式，不如 1 小時的苦思，以求對 1 個公式之理解！」

我的任何文章或演講，都不是以「知識內容」為目標（那種東西價值很小）。

寫這段前言，當然是因為今天要談一個極其古老、粗淺的題目，它不但古老、粗淺，而且有太多讀者在太小年紀就「學過」了。我常常認為這是一種不幸！ ──他被剝奪了「獨思而得」的機會！

現在拿來作為本叢書的前言，還是很恰當的。

▶ 序

這一本書本來想取名為初中資優生的解析幾何學。顧名思義，它是為初中資優生寫的。（我心目中有相當明確的對象：1986 年春季的資優生研習營的學生;）或者，更為明確一點：這是為我最疼愛的資優生楊汗如寫的。

我的看法常常與眾不同，快樂與痛苦常因此產生；汗如也被迫與眾不同，因為她的數、理、化成績並不太好，（照常人的標準，不能同意把她列入「數理資優」之類）又不被允許去補習，乃至於校內輔導、模擬考、複習考又大大的打擊了她的信心，天性的瀟灑被沖蝕殆盡，……

我的看法是：要嘛，天底下本來就無「資優」，要嘛，天底下人人資優，汗如當然資優。我以長期觀察的經驗，敢確定：只要給她輕鬆的氣氛，優哉悠哉的環境，她可以學得很好！絕不輸她哥哥。

這本書，立意在「初中程度」的拘束條件，因此，三角學的概念都不用，雖則偶而用到，但是不懂的人都可以繞道而過。

我們的主題是直線和圓；當然也扯到一些別的曲線。其實寫到最後甚至於想寫一些反影幾何，但是那當然不太好，因為這個研習營，時間只有一週不到。

▼ 目　錄 ▶

5　圓

6　一些曲線的描圖

7 向量的介紹

 **坐標系**

什麼叫做坐標系？

幾何中的「圖形」都是由「點」構成的，所以幾何圖形都是「點集合」；（一直線 ℓ，就是這直線上的點全體所成的集合；一圓 C，就是這圓上的點全體所成的集合，依此類推。）所以，「設法用一組數來表達一點」，乃是一個偉大的想法；明確提出這個想法的人，通常說是笛‧卡特。「用一組數來表達一點」的任何辦法，都叫做一個「坐標系」。在高等數學中我們會學到各式各樣的坐標系，（也就是各式各樣的，用一組數表達一點的辦法，）這裡只要介紹最有用的一類坐標系，叫做卡氏坐標系。（咬文嚼字一點的話，叫做有號單正的坐標系。）

1-1　一維坐標系

點和數的對應

最簡單的情形是把直線上的點和實數做對應；這時候，每一點只要用一個實數來代表，因此直線叫做一維空間。

如何建立直線 ℓ 上的一個卡氏坐標系？

單位長度 ⊢──┤

$$O$$

────────────────────────────→ ℓ
　　　-3　-2　-1　$0\frac{2}{5}$　1　2　3

已給一直線 ℓ，我們先

(1)在其上適當選取一點 O，稱為原點，我們稱 O 點的坐標是 0。

(2)取定它的一側稱為正，或右方。

　　⑶取定一線段作為單位長度。

　　⑷原點之右，距離原點 1 個單位長度的點為基準點，我們稱此點
　　　的坐標為 1。

於是，

　　原點之左，距離原點 1 個單位長度的點，坐標為 -1。

　　原點之右，距離原點 2 個單位長度的點，坐標為 2。

　　原點之左，距離原點 2 個單位長度的點，坐標為 -2。

　　其他依此類推。比如，位於原點右邊 $\sqrt{2}$ 個單位長度的點，坐標
為 $\sqrt{2}$；位於原點左邊 $\frac{3}{4}$ 個單位長度的點，坐標為 $-\frac{3}{4}$，…等等。

　　經過上面的作法，我們已將實數排成一列橫隊，越右邊的數越大。
因此當我們說：A 點的坐標是 a 時，$a>0$，即表示 A 點位於 O 點右
邊 a 個單位長度的地方；B 點的坐標是 b 時，$b<0$，即表示 B 點位於
O 點左邊 $|b|$ 個單位長度的地方，在此 $|\ |$ 表絕對值。

　　所以，一直線上的坐標系，其要點在：「原點」O，「單位長度」
OE，以及「正向」$\overrightarrow{OE}$；後二者可以合併成一件東西，即「單位點」
E。

　　對於一直線，當我們取定原點及單位點後，此直線上的每一個點
都可以用一個實數去代表它，稱為該點的坐標；反之對於任意一個實
數，我們也可以在此直線上找到一點，使其坐標等於該實數。這樣，
我們已看出，直線的點和實數之間已構成「一個對應一個」的局面，
這種對應關係叫做直線上的一個坐標系。賦予坐標系後，這條直線又
叫數線。

注意 1：通常說「一個坐標系是隨其原點及單位長度的取定而確定」，

這句話其實不太正確；其實，有原點及單位長，我們可以在 O 兩邊各取一點 E, E' 使 OE 及 OE' 都是單位長，但這兩點的坐標必然一正一負，我們必須再選定其一，（選「符號」，也就是選「方向」）所以我們寧可說坐標系即「原點及單位點」。

但是另外一方面來說，某些情形下，直線的定向已有慣用法，例如，我們習慣「從左到右」為正向，「從下往上」為正向；因此，在這種情形下，只要決定原點及單位長，就決定了坐標系，取不同的原點或不同的單位長度，就得到直線上不同的坐標系。

注意 2: 在一直線上存在有許多坐標系！

注意 3: 假如已經取定了某個坐標系；一點 A 的坐標 a，與此點 A，乃是「二而一」的東西了。習慣上，可以寫「點 $A(a)$」，不過這種寫法就等於「關羽（雲長）」，其實 A 就等於是 a；寫「點 a」，「點 A」也完全一樣！

習 題

以下，在一直線上，取定一個坐標系，

1. 標出這些點：$-2, \dfrac{13}{3}$。

2. 上面這兩點叫 A, B。有一點 C，介於這兩點間，問 C 的坐標有何限制？

3. 有一點，與 A 的距離是 3；這點是什麼？

4. $D(x)$, $E(-x)$ 兩點誰在右，誰在左？

5. $F(-5)$, $G(7)$ 兩點的中心是什麼？

1–2　絕對值與符號

我們假定大家都清楚「絕對值」,「符號」的意思，先做做習題。

習　題

1.不用絕對值符號「| |」，試寫出底下的表達式：

(1) $|a^2|$;

(2) $|a-b|$, 但 $a>b$;

(3) $|a-b|$, 但 $a<b$;

(4) $|-a|$, 但 a 為負數。

2.已知 $|x-3|=x-3$, 試問 x 是什麼樣的東西？

3.在數軸上標出 x （的範圍），已知

(1) $|x|=2$;

(2) $|x|>3$。

4.解方程式

(1) $|x-2|=3$;

(2) $|x+1|+|x+2|=1$。

「實數 x 的符號」，我們用 sgn x 表示：

$$\text{sgn } x = x \,/\, |x|,$$

所以，

$$\text{sgn } x = +1，\text{當 } x > 0$$
$$-1，\text{當 } x < 0$$

若 $x = 0$ 呢？你可以採用兩種觀點之一；你可以認為「sgn 0 沒有意義」，你也可以認為「sgn 0 = 0」採用後者，有一個好處是：

$$x = |x| \text{ sgn } x$$

註：sgn 讀做 signum。

1-3　距　離

兩點 A, B 的坐標各是 a 與 b，那麼

$$d(A, B) = 「A, B \text{ 兩點之間的距離}」 = |a - b|$$

這是個根本公式。（$d = \text{distance}$，距離）

(你怎麼證？分成六種情形，逐個去驗證!)

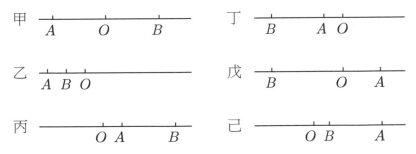

(註：不好! 不太系統! 甲、乙顛倒比較好!)

1. 在數線上，求點 x，使得

$$d(x, 7) < 3$$

$$d(x, 2) > 1$$

$$d(x, -3) = 3$$

2. 設 A 點的坐標為 a，B 點的坐標為 b，則

$$\overline{AB} \text{ 線段中點之坐標為 } \frac{a+b}{2}$$ [中點公式]

3. 求一點 C，於數線上，使得 $d(B, C) = 2d(A, C)$，

已知 $A = (-9)$, $B = (-3)$。

4. 解如下方程式：

(1) $|x+3| + |x-1| = 5$

(2) $|x+3| + |x-1| = 4$

(3) $|x+3| + |x-1| = 3$

(4) $|x+3| - |x-1| = 5$

(5) $|x+3| - |x-1| = 4$

(6) $|x+3| - |x-1| = 3$

1-4 圓規的用法

用圓規可以畫圓，也可以「量距離」，利用圓規直尺我們又可以做加（減）、乘（除）。

1.坐標系與加減

我們舉出 ± 1, ± 2, $\sqrt{2}$, $-\dfrac{3}{4}$ 等做例子，然而「點 $\sqrt{2}$」與「點 $\dfrac{-3}{4}$」的所在位置，到底怎麼做出的呢？

如果你有一根尺，尺上的刻度到毫米為止，而且你取的單位長度是 2 厘米 (cm)，那麼，因為 $(\dfrac{-3}{4}) \times 2$ 厘米 $= -1.5$ 厘米 $= -15$ 毫米，點 $\dfrac{-3}{4}$ 就在原點左方的 15 mm 處。（你必須帶一根尺，就可用這根有刻度的尺定出該點來。）如果你用的坐標單位長度是 1 cm，那麼「點 $\dfrac{-3}{4}$」就在原點左方的 7 公厘半的地方。這個「半」在你的尺上沒有，怎麼辦？這時你可以馬馬虎虎，用觀察法定出它的位置來！這是不可輕視而常用的辦法。你也可以把那個 1 公厘「精確地」平分，只不過很不容易做到！萬一你的坐標單位長度不「湊巧」，又怎麼辦？所以我們作坐標系時，一定要取得「湊巧」才方便，或者就買方格紙來用！假設直尺沒有刻度，又如何指出「點 3」，「點 -7.4」，或者「點 $\dfrac{1}{4}$」？

「點 3」很容易做，因為 $3 = 1 + 1 + 1$，我們使用圓規，張開的兩足恰好是單位長度，在坐標線上量三遍就量出點 3 了。

整個關鍵在於加法：如果點 a，點 b 都做出來了，如何做出點 $a+b$？先把圓規的「釘腳」放在原點，把「筆腳」放在點 b 處，再平平地移過去，使釘腳放在點 a 上，則筆腳所在就是 $a+b$ 點！

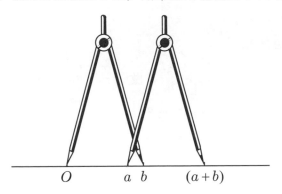

問題 1 點 $(a-b)$ 呢？

解 作法同前，只是到了最後，讓圓規轉了半圈多，畫出坐標線上的點，就是 $a-b$ 了。

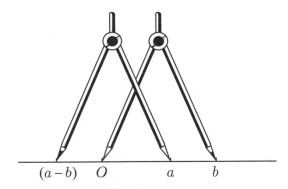

總之，我們有了點 0 及點 1，從而就可以用「圓規」及沒有刻度的直尺（「矩」）作出一切的正負整數來。

2.怎樣做乘法呢?

如果做得了，我們就可以做出一切的有理數（分數）a/b 了。

辦法很簡單：用比例!

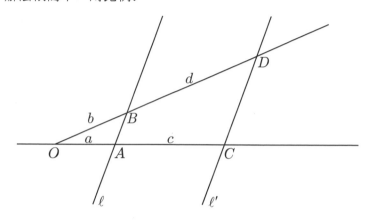

如上圖，兩直線 ℓ 與 ℓ' 平行。

那麼　　$\overline{OA} : \overline{OB} = \overline{OC} : \overline{OD}$

亦即　　$a : b = c : d$

因而　　$c = (ad)/b$

所以要做乘法，只要取 $b = 1$，就得到 $c = ad$；要做除法時，只要取 $d = 1$，就得到 $c = a/b$。

問題 2　這裡所說的辦法，只是一個構想，請你詳細地說出它的操作。（你記得如何做平行線嗎？）

在上面兩段中，我們已經說明了：數跟點可以借助於坐標系對應起來，數系中的四則運算也可以用幾何方式表示出來。特別是，有理數系都可以用圓規及沒有刻度的直尺做出來。（這兩種工具叫做「希臘規矩」）

3.開平方

設圓心為 O 的一個圓，有個直徑是 $\overline{AB}$，如下圖。在 $\overline{AB}$ 內有一點 C，作垂線 $\overline{CD}$ 交圓於點 D，連接 $\overline{DA}$ 及 $\overline{DB}$，那麼 $\overline{CA} : \overline{CD} = \overline{CD} : \overline{BC}$。（為什麼呢？考慮相似的直角三角形 $\triangle CAD$ 及 $\triangle DCB$！）所以 $\overline{CD} = \sqrt{\overline{CA} \cdot \overline{BC}}$。

所以，給我們兩正數 a, b，用圓規及直尺，我們可以作出 $\sqrt{ab}$。怎麼作？說說看！

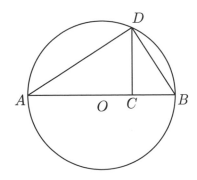

1-5　二維坐標系

在上面，我們用實數來表達直線上的點，而構成直線上的一個坐標系。現在我們要問，如何表達平面上的點呢？我們的辦法如下：

⑴在平面上作互相垂直的兩條直線，相交於 O 點，稱為原點。橫線叫橫軸或 x 軸，縱線叫縱軸或 y 軸。

⑵對 x 軸與 y 軸取定相同的單位長度。賦予直線坐標系，如圖所示。

⑶x 軸與 y 軸將平面分割成四個區域，右上角的區域稱為第一象限，左上角的區域稱為第二象限，左下角的區域稱為第三象限，右下角的區域稱為第四象限。「閉象限」包含其邊界，「開象限」則否。

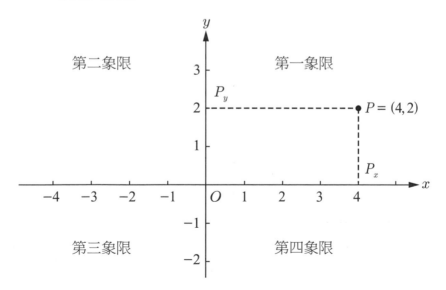

⑷若 P 為平面上任一點，由 P 點分別作垂直於 x 軸與 y 軸的直線，其垂足分別為 P_x 與 P_y，其坐標若分別為 4 與 2，則我們稱 4 為 P 點的橫坐標（或 x 坐標），2 為 P 點的縱坐標（或 y 坐標），而稱 P 點的坐標為 (4, 2)。反之，如果有一數對 (a, b)，我們也可以在平面上找到一點，使其坐標為 (a, b)。

右手規則 握緊右手，拇指朝上，

則手指由（正）x 軸轉到（正）y 軸。

例題 1 試描畫出 (4, 3), (3, 4), (−2, 1), (−3, −4), (4, −3) 所代表的點。

解

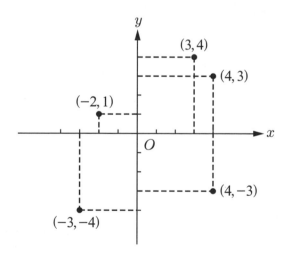

因此我們已看出，數對與平面上的點構成一一對應的局面，這種對應關係叫做平面上的一個坐標系。今後我們常常把點及其坐標看成二而一的東西：兩位一體！因此若 P 點的坐標為 (a, b) 時，我們往往就用 $P = (a, b)$ 或 $P(a, b)$ 來表示。

注意 1：我們必須用兩個數，即一數對 (a, b)，才可以描述平面上的
　　　　點！(所以平面叫做二維空間，直線叫做一維空間！)

注意 2：$(4, 3)$ 與 $(3, 4)$ 所代表的點不同，故坐標的次序不可調換。

例題 2 原點的坐標為 $(0, 0)$。

例題 3 第一象限的點 (a, b) 具有 $a > 0, b > 0$ 的性質，

　　　　　第二象限的點 (a, b) 具有 $a < 0, b > 0$ 的性質，

　　　　　第三象限的點 (a, b) 具有 $a < 0, b < 0$ 的性質，

　　　　　第四象限的點 (a, b) 具有 $a > 0, b < 0$ 的性質。

問題 1 在坐標平面上標出下列各點的位置：

　　⑴ $(2, 5)$　　　　　⑵ $(4, \sqrt{3})$

　　⑶ $(-\sqrt{2}, 3)$　　　⑷ $(8, -3)$

　　⑸ $(-3, -5)$　　　⑹ $(-6, -2)$

　　⑺ $(0, 5)$　　　　　⑻ $(-5/2, 0)$

　　⑼ $(11/2, -2/3)$

問題 2 在坐標平面上，連結各點，問成何種圖形？

　　⑴ $(5, 2), (5, -4), (-1, -4), (-1, 2)$

　　⑵ $(3, 2), (8, 0), (0, -9)$

　　⑶ $(-1, 6), (5, 2), (-1, 2)$

　　⑷ $(1, 3), (4, 2), (6, 8)$

問題 3 四點 $A(4, 1)$, $B(3, 5)$, $C(-1, 4)$, $D(0, 0)$ 成一矩形或正方形？你要如何驗證？

解 這題目中，我們思考：$x = -1$ 的那些點是哪些點？這些點形成一條直線 $CC'D'$。同理，$y = 0$ 的點全體形成直線 $D'DA'$，其實就是 x 軸，與 CC' 交於 $D'(-1, 0)$。$x = 4$ 的點全體形成直線 $AA'B'$ 與 $D'D$ 交於 $A'(4, 0)$，$y = 5$ 的那些點全體形成直線 $C'BB'$，與 $AA'B'$ 交於 $B'(4, 5)$，又與 $C'CD'$ 交於 $C'(-1, 5)$。

此時 $A'(4, 0)$, $B'(4, 5)$, $C'(-1, 5)$, $D'(-1, 0)$ 形成正方形，邊長為 5，而 $\triangle AA'D \cong \triangle BB'A \cong \triangle CC'B \cong \triangle DD'C$，為直角三角形，

勾股為　　$1 = \overline{AA'} = \overline{BB'} = \overline{CC'} = \overline{DD'}$，

及　　　　$4 = \overline{A'D} = \overline{B'A} = \overline{C'B} = \overline{D'C}$，

其斜邊長為

$$\overline{AB} = \sqrt{4^2 + 1^2} = \sqrt{17}$$

即正方形 $ABCD$ 之邊長！

習　題

1.做一個正六邊形 $ABCDEF$，取一坐標系，以 A 為原點，B 為 x 軸上之單位點，求其他各點之坐標。（共有兩組解答！）

1-6　一、二維對照：中點公式

例題 1 設已給三點 $A(0, 0)$, $B(x_1, y_1)$ 及 $D(x_2, y_2)$ 問 C 為何，才使 $ABCD$ 形成一個平行四邊形？

解 $C = (x_1 + x_2, y_1 + y_2)$

理由是 $\overline{AC}$ 中點 $= \overline{BD}$ 中點

為此我們必須利用「中點公式」：

(x_1, y_1) 與 (x_2, y_2) 的中點為

$(\dfrac{x_1 + x_2}{2}, \dfrac{y_1 + y_2}{2})$

證明 設 $P_i = (x_i, y_i)$ $(i = 1, 2)$，中點為 Q，如圖

作直角三角形 $P_1 R_1 Q$ 及 $QR_2 P_2$

使　$R_1 = (x, y_1)$

$R_2 = (x_2, y)$

這兩個三角形全等

因而　$\overline{R_1 Q} = \overline{R_2 P_2}$

即　$y - y_1 = y_2 - y$

$y = (y_1 + y_2) / 2$

同理　$\overline{P_1 R_1} = \overline{QR_2}$

即　$x = (x_1 + x_2) / 2$

（必須注意：$y - y_1$ 為負時，$y_2 - y$ 亦為負，故確實有等號。）

注意：中點公式在二維的情形，只是各個坐標分別用上一維的中點公式而已！（各維獨立定理）

我們再對照一下一維（直線）坐標系和二維平面坐標系的相似之處。

在直線上，只要取定一點 O 作原點，另外一點 E 作基準點，（使 $E = +1$）就已經確定了坐標系。

在平面的情形，取定了一點 O 作原點，及另外一點 E_1 作第一基準點即 $E_1 = (1, 0)$，也已經確定了坐標系！因為：OE_1 直線必是 x 軸，並且 E 在「正軸」這邊的半線上；然後，y 軸必然與 OE_1 垂直，而且依照「右手規則」，y 軸的正向也就確定了；同時，y 軸上量長度的單位，照規定也是 OE_1。

(你已明白為何叫「有號、單正坐標系」了)

你可以想像得到：我們可以放棄這兩三種要求；首先，我們可以放棄右手規則，而採用左手規則，那麼，y 軸的正、負向就顛倒了！其實「法國制度」就如此。(符號問題)

其次，y 軸上的單位長與 x 軸上的也不必相同！(單位問題)

最後，乾脆讓 y 軸與 x 軸不垂直！

這就是所謂斜交坐標系 (正斜問題)

1-7 距離的應用

另外一個該注意的就是距離公式。（這是「單正」坐標系的好處：我們要求 x, y 軸互相<u>正交</u>，而且<u>單位</u>相同!）

假設 $A = (x_1, y_1)$, $B = (x_2, y_2)$，我們做 $\overline{AC} /\!/ x$ 軸，$\overline{BC} /\!/ y$ 軸，交點就是 $C = (x_2, y_1)$，而且，$\overline{AC} = |x_2 - x_1|$，$\overline{BC} = |y_2 - y_1|$，$\angle ACB = 90°$。

根據勾股弦定理（<u>畢氏</u>定理）

$$\overline{AB} = \sqrt{\overline{AC}^2 + \overline{BC}^2}$$
$$= \sqrt{(x_2 - x_1)^2 + (y_2 - y_1)^2}$$

我們必須注意兩件事：

(1) 在一維（直線）坐標的情形，距離公式 $|x_2 - x_1|$ 其實可以寫成 $\sqrt{(x_2 - x_1)^2}$，現在的距離公式是 $\sqrt{(x_2 - x_1)^2 + (y_2 - y_1)^2}$

你可以想像：在三維立體空間，兩點 A, B 的坐標各為 (x_1, y_1, z_1) 及 (x_2, y_2, z_2)，而距離為：

$$\sqrt{(x_1 - x_2)^2 + (y_1 - y_2)^2 + (z_1 - z_2)^2}$$

(2) 我們記 $x_2 - x_1 = \Delta x$，Δ 指「差」，difference，Δx 是「x 坐標之差」，同理，Δy 是「y 坐標之差」，即 $(y_2 - y_1)$，那麼公式是

$$\sqrt{(\Delta x)^2 + (\Delta y)^2}$$

特例 點 $P = (x, y)$ 與原點 O 的距離是

$$OP = \sqrt{x^2 + y^2}$$

距離公式非常重要，我們現在只舉一個例子說明。

例題 1 如何驗證三點 $A = (x_1,\ y_1)$, $B = (x_2,\ y_2)$, $C = (x_3,\ y_3)$ 共線?

更清楚些: B 在線段 $\overline{AC}$ 上?

我們知道: 這個性質只是 $\overline{AB} + \overline{BC} = \overline{AC}$,所以,要點就是把距離公式代入!

問題 1 $A(3,\ -6)$, $B(-2,\ 4)$, $C(1,\ -2)$ 是否共線?

例題 2 試證明: 平行四邊形的四邊平方和等於對角線之平方和。

解 要點是我們應按照問題的需要而選定一個較為方便的坐標系。

我們採用 1–6 例題的方式,命 $\square ABCD$ 為:

$A = (0,\ 0)$, $B = (x_1,\ y_1)$, $C = (x_1 + x_2,\ y_1 + y_2)$, $D = (x_2,\ y_2)$

所以　　$\overline{AD}^2 = \overline{BC}^2 = x_2^2 + y_2^2$

$\overline{AB}^2 = \overline{DC}^2 = x_1^2 + y_1^2$

但　　　$\overline{AC}^2 = (x_1 + x_2)^2 + (y_1 + y_2)^2$

$\overline{BD}^2 = (x_2 - x_1)^2 + (y_2 - y_1)^2$

故　　　$\overline{AC}^2 + \overline{BD}^2 = x_1^2 + x_2^2 + 2x_1x_2 + y_1^2 + y_2^2 + 2y_1y_2 + x_2^2 + x_1^2$

$$- 2x_1x_2 + y_2^2 + y_1^2 - 2y_1y_2$$

$$= 2(x_1^2 + x_2^2 + y_1^2 + y_2^2)$$

$$= \overline{AB}^2 + \overline{BC}^2 + \overline{CD}^2 + \overline{DA}^2$$

這裡的恆等式,用到:

$$(x_1 + x_2)^2 + (x_1 - x_2)^2 = 2(x_1^2 + x_2^2)$$

問題 2 用坐標法證明如下定理:

設 $ABCD$ 為矩形,則對平面上任一點 P,

$$\overline{AP}^2 + \overline{CP}^2 = \overline{BP}^2 + \overline{DP}^2$$

如何取坐標系最方便?

例題 3 試用坐標法考慮三角形的外接圓半徑 R。

解 令 $A = (0, 0)$, $B = (c, 0)$, $c > 0$，而 $C = (q, h)$，可知三邊為：

$a = \sqrt{(c-q)^2 + h^2}$, $b = \sqrt{q^2 + h^2}$ 及 c，而令外接圓心為 (α, β) 得

$$\begin{cases} \alpha^2 + \beta^2 = R^2 \\ (c-\alpha)^2 + \beta^2 = R^2 \\ (q-\alpha)^2 + (h-\beta)^2 = R^2 \end{cases}$$

聯立解之，得

$$\alpha = \frac{c}{2}, \ \beta = \frac{q^2 + h^2 - cq}{2h}$$

從而

$$R = \frac{\sqrt{(q^2 + h^2)[(q-c)^2 + h^2]}}{2h} = \frac{ab}{2h}$$

但

$$\triangle ABC \text{ 之面積為 } \triangle = \frac{hc}{2}$$

故

$$R = \frac{abc}{4\triangle}$$

習　題

1. 用坐標法，證明三角形的三條中線交於一點（即重心），若 A, B, C 為 $A = (x_1, y_1)$, $B = (x_2, y_2)$, $C = (x_3, y_3)$，中線 $\overline{AD}$ 是否經過重心 $G = (\dfrac{x_1 + x_2 + x_3}{3}, \dfrac{y_1 + y_2 + y_3}{3})$，

   但 $D = (\dfrac{x_2 + x_3}{2}, \dfrac{y_2 + y_3}{2})$ 為 $\overline{BC}$ 中點？

2. 試證明平行四邊形的對角線互相平分！今設一頂點為原點 O，一頂點為 $A(a, 0)$，一頂點 $B(b, c)$，則 O 之對頂點為 $C(a+b, c)$，試求 $\overline{OC}$ 之中點，再求 $\overline{AB}$ 之中點。

3. 試以解析的方法證明下列定理：

   (1)直角三角形斜邊中點至三頂點的距離相等。

   (2)三角形兩邊中點之聯線平行於第三邊，且等於第三邊之半。

   (3)三角形每兩邊中點之聯線，將原形分為四個等積三角形。

   (4)梯形兩腰中點之聯線等於兩底之和之半。

   (5)若梯形之斜邊相等，則其對角線相等。

   (6)順次聯結四邊形各邊之中點所得四線段成一平行四邊形。

1-8　面積公式

提醒一下二、三維定準（「行列式」）的算法。

我們不打算討論它，只把它當做一種略寫，當做簡便的記號而已。

規定

$$\begin{vmatrix} a, & b \\ c, & d \end{vmatrix} \equiv ad - bc，（\text{Sarrus 規則}）$$

同時

$$\begin{vmatrix} a, & b, & c \\ d, & e, & f \\ g, & h, & i \end{vmatrix} = (aei + bfg + cdh) + (-ceg - bdi - afh)$$

三個正項是

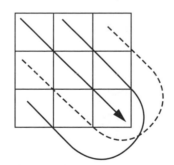

同理可得三個負項。

例題 1 假設點 $A(x_1, y_1)$, $B(x_2, y_2)$ 與原點 $O(0, 0)$ 連成一個三角形，
它的面積是多少？

令 $\overline{OA} = \rho = \sqrt{x_1^2 + y_1^2}$, $\overline{OB} = r = \sqrt{x_2^2 + y_2^2}$，而 $\overline{OA}$, $\overline{OB}$ 之斜角為 θ_1 及 θ_2，先設 $\theta_1 < \theta_2$，而且 $0 < \theta = \theta_2 - \theta_1 < \pi$（見圖），然則三角形面積為何？

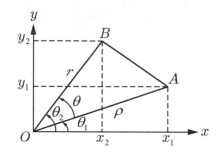

解 解法之一，用三角學

$$|\triangle OAB| = \frac{1}{2}\rho r \sin\theta \qquad (1)$$

今因　$x_1 = \rho\cos\theta_1$, $y_1 = \rho\sin\theta_1$

$x_2 = r\cos\theta_2$, $y_2 = r\sin\theta_2$

$$\therefore |\triangle OAB| = \frac{1}{2}\rho r\sin\theta = \frac{1}{2}\rho r\sin(\theta_2 - \theta_1)$$

$$= \frac{1}{2}\rho r(\sin\theta_2\cos\theta_1 - \sin\theta_1\cos\theta_2)$$

$$= \frac{1}{2}[\rho\cos\theta_1 r\sin\theta_2 - \rho\sin\theta_1 r\cos\theta_2]$$

$$= \frac{1}{2}[x_1 y_2 - x_2 y_1] \qquad (2)$$

你也可以不用三角學，而純用解析幾何學算出來！如下

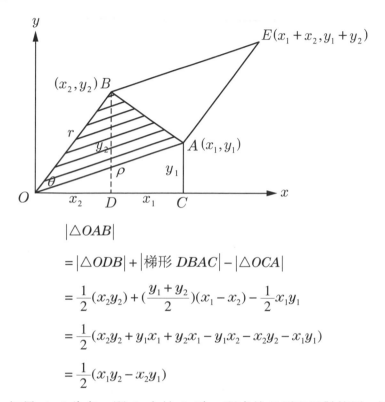

$$|\triangle OAB|$$

$$= |\triangle ODB| + |梯形\ DBAC| - |\triangle OCA|$$

$$= \frac{1}{2}(x_2 y_2) + (\frac{y_1 + y_2}{2})(x_1 - x_2) - \frac{1}{2}x_1 y_1$$

$$= \frac{1}{2}(x_2 y_2 + y_1 x_1 + y_2 x_1 - y_1 x_2 - x_2 y_2 - x_1 y_1)$$

$$= \frac{1}{2}(x_1 y_2 - x_2 y_1)$$

如果 $\sin\theta$ 為負，即 θ_1 大於 θ_2 時，那麼就必須取絕對值了，因此無論 θ_1, θ_2 如何，三角形的面積公式為

$$|\triangle OAB| = (1/2)|x_1 y_2 - x_2 y_1| \tag{3}$$

我們把 $(1/2)(x_1 y_2 - x_2 y_1)$ 叫做以 $\overrightarrow{OA}$, $\overrightarrow{OB}$ 為兩邊的三角形 $\triangle OAB$ 之有號面積，這裡 $\overrightarrow{OA}$ 及 $\overrightarrow{OB}$ 的順序很重要，因為符號之正負由 $\overrightarrow{OA}$ 轉到 $\overrightarrow{OB}$ 的角 θ 之正弦決定！

系理　平行四邊形 $OAEB$ 之面積為

$$|x_1y_2 - x_2y_1|, \quad 即 \quad \begin{vmatrix} x_1 & y_1 \\ x_2 & y_2 \end{vmatrix} \tag{4}$$

現在來推廣這個公式，考慮如下圖的情形：

已知 $A = (x_1,\ y_1)$, $B = (x_2,\ y_2)$, $F = (x_3,\ y_3)$，求這三點 A, B, F 所成三角形 $\triangle ABF$ 之面積。

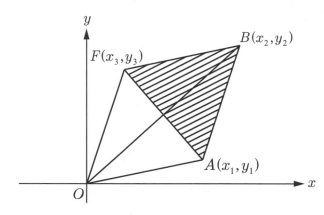

我們還是用老辦法：

$$|\triangle ABF| = |\triangle OAB| + |\triangle OBF| - |\triangle OAF|$$

$$= \frac{1}{2}(x_1y_2 - x_2y_1) + \frac{1}{2}(x_2y_3 - x_3y_2) + \frac{1}{2}(x_1y_3 - x_3y_1)$$

$$= \frac{1}{2}(x_1y_2 - x_2y_1 + x_2y_3 - x_3y_2 + x_3y_1 - x_1y_3)$$

這可用行列式寫出：

即
$$|\triangle ABF| = \frac{1}{2}\begin{vmatrix} 1 & x_1 & y_1 \\ 1 & x_2 & y_2 \\ 1 & x_3 & y_3 \end{vmatrix} \tag{5}$$

實際上，一般的情形還得加上「絕對值」才行，因為這個行列式可正可負。一般地我們把上述公式叫做有號面積，它的正負號決定法如下：沿周邊由 A 線至 B 最後至 F，如繞序是逆時針順序，則其號為正，繞序且稱為正序；如繞序為順時針順序，則其號為負，繞序稱為負序。

現在問：在平面上取 n 個點 $A_1A_2 \cdots A_n$, $n \geq 3$, $A_t = (x_t, y_t)$, $t = 1$, $\cdots$, n，連成一個凸多邊形，其面積為何？

我們假設 $A_1A_2 \cdots A_n$ 的順序是正序，即是逆時針，並取這多邊形內部一點 $A_0 = (x_0, y_0)$。

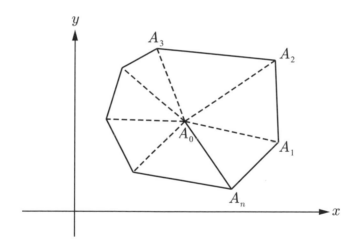

連接 A_0A_1, A_0A_2, $\cdots$, A_0A_n，把多邊形分割成 n 個三角形，再把面積加起來就好了！

所以面積是:

$$\frac{1}{2}[x_0y_1 - x_1y_0 + x_1y_2 - x_2y_1 + x_2y_0 - x_0y_2]$$

$$+ \frac{1}{2}[x_0y_2 - x_2y_0 + x_2y_3 - x_3y_2 + x_3y_0 - x_0y_3]$$

$$+ \frac{1}{2}[x_0y_3 - x_3y_0 + x_3y_4 - x_4y_3 + x_4y_0 - x_0y_4]$$

一直加到最後是

$$\frac{1}{2}[x_0y_n - x_ny_0 + x_ny_1 - x_1y_n + x_1y_0 - x_0y_1]$$

把 1/2 括出，把一切可消的項消掉，可得:

面積 $[n$ 邊凸多邊形 $A_1A_2 \cdots\cdots A_n]$

$$= \frac{1}{2}\{x_1y_2 - x_2y_1 + x_2y_3 - x_3y_2 + x_3y_4 - x_4y_3 + \cdots$$

$$+ \ x_{n-1}y_n - x_ny_{n-1} + x_ny_0 - x_0y_n\} \tag{6}$$

這個公式可以用下面的交叉規則來記憶:

　　把各點之坐標 (x, y) 排成兩列，如下

$$x_1 \ \ x_2 \ \ x_3 \ \ \cdots \ \ x_n$$
$$y_1 \ \ y_2 \ \ y_3 \ \ \cdots \ \ y_n$$

把首一行重寫一遍在最後，得

$$\begin{matrix} x_1 & x_2 & x_3 & \cdots & x_n & x_1 \\ y_1 & y_2 & y_3 & \cdots & y_n & y_1 \end{matrix} \tag{7}$$

然後相鄰兩行做交叉乘法，用沙洛士氏型的正負規則加起來，再乘以 1/2 就好了（算出的有號面積之正負號，依頂點之正負序而決定!）

例題 2　已知一五邊形頂點依序為：$(4, 1), (2, 7), (0, 6), (-4, 2),$

$(-2, -1)$，求面積。

解

$$\begin{array}{ccccc} 2 & 0 & -24 & -4 & -4 \\ 4 \quad 2 & 0 & -4 & -2 & 4 \\ 1 \quad 7 & 6 & 2 & -1 & 1 \\ \hline 28 & 12 & 0 & 4 & -2 \end{array}$$

$28 + 12 + 4 - 2 = 42$

$2 - 24 - 4 - 4 = -30$

$42 - (-30) = 72$

答：面積為 36

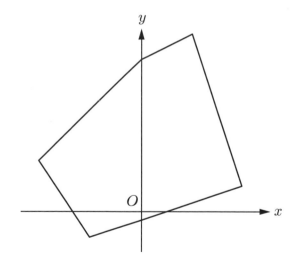

習　題

1. 求下列三點為頂點的三角形之面積：

　(1) (0, 0), (0, 8), (12, 0)

　(2) (−2, −5), (−4, 4), (7, 1)

　(3) (−5, −3), (2, 3), (9, −7)

　(4) (−5, 6), (3, 8), (4, −4)

　(5) (−5, 0), (0, 7), (8, −4)

　(6) (1, 4), (10, 5), (3, −4)

2. 求多邊形的面積：

　(1) (−2, 2), (2, 6), (8, 3), (5, −3)

　(2) (0, −4), (3, 4), (12, 0), (10, −3)

　(3) (−3, −1), (0, 8), (12, 4), (9, −5)

　(4) (−2, −4), (−3, 3), (4, 6), (7, 2), (4, −3)

3. 證明上題(3)為長方形。

2 割點公式

2-1 等距分割

假設平面上有一直線 ℓ，其上有 $(1+N)$ 個點等距離依序排列：$A_0, A_1, A_2, \cdots, A_N$。

$A_i = (x_i, y_i)$；因為 A_i 是 A_{i-1} 與 A_{i+1} 的中點，所以：

$$\begin{cases} x_i = \dfrac{x_{i-1} + x_{i+1}}{2} \\ y_i = \dfrac{y_{i-1} + y_{i+1}}{2} \end{cases} \quad (i = 1, 2, \cdots, N) \tag{1}$$

根據「分別看坐標！」的原則，（各維獨立原則）

$$x_{i-1}, x_i, x_{i+1} \text{ 等差，也就是 } x_0, x_1, \cdots, x_N \text{ 等差}$$

因而，記公差為

$$\Delta x = x_i - x_{i-1} \text{ 時，} x_k = x_0 + k\Delta x \tag{2}$$

特別地末項為

$$x_N = x_0 + N\Delta x$$

$$\text{即} \quad \Delta x = (x_N - x_0) / N$$

於是第 k 項可以用首項（第 0 項）x_0 與末項 x_N 表示出來：

$$x_k = x_0 + \frac{x_N - x_0}{N} \cdot k$$

$$= x_0 + (x_N - x_0)\frac{k}{N} \tag{3}$$

或

$$= x_0[\frac{N-k}{N}] + x_N[\frac{k}{N}] \tag{4}$$

這裡有兩種觀點：

⑴把點 A_k 看成是：從 A_0 出發，以 A_N 為終點，走到 $\frac{k}{N}$ 處的地方，就是 A_k，如⑶式。

⑵點 A_k 把 $A_0 A_N$ 線段分割成兩段，而

$$\overline{A_0 A_k} : \overline{A_k A_N} = k : N - k$$

$$= \frac{k}{N} : \frac{N-k}{N} \tag{5}$$

（這是⑷式之記憶法！）

用甲的觀點，A_k 是「據比」$\frac{k}{N}$ 的「據點」，於起點 A_0 終點 A_N 的「有向」線段上。

用乙的觀點，A_k 是「割比」$k : (N - k)$ 的割點，於線段 $\overline{A_0 A_N}$ 上。

現在改用一般的考慮，比例就可以是無理數了！

2-2 一般分割

已給（相異）兩點：$A_0(x_0, y_0)$，及 $A_1(x_1, y_1)$，求線段 $\overline{A_0 A_1}$ 上某點 A 的坐標 (x, y)，但假定 $\overline{A_0 A} / \overline{A_0 A_1} = t$，當然設 $0 < t < 1$。

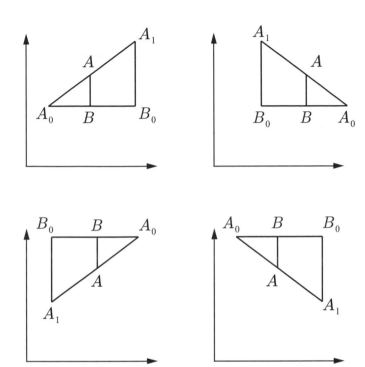

坐標之間的大小關係，基本上有上圖四種可能。

（坐標可有相等者！我們不畫了！）

作直角三角形 $A_0B_0A_1$，$\angle B_0 = 90°$，$B_0 = (x_0, y_1)$

作 $\overline{AB} \perp \overline{A_1B_0}$

垂足為　$B = (x, y_0)$

則　$\triangle A_1BA \sim \triangle A_1B_0A_0$

$\overline{BA} / \overline{B_0A_1} = \overline{A_0A} / \overline{A_0A_1} = t,$

$\overline{BA} = t\overline{B_0A_1}$

而　$(y - y_0) = t(y_1 - y_0)$

（不論符號正負都對！四種情形都可以）

同理　　$\overline{A_0B} = t\overline{A_0B_0}$

而　　　$x - x_0 = t(x - x_0)$

於是有據點公式：

$$\begin{cases} x = x_0 + t(x_1 - x_0) \\ y = y_0 + t(y_1 - y_0) \end{cases} \tag{6}$$

(簡記做 $A = A_0 + t(x_1 - x_0, y_1 - y_0)$)

這裡的「比」t，將稱做「據比」；有時，我們採用「割比」

$$\overline{A_0A} : \overline{AA_1} = \overline{A_0A} / (\overline{A_0A_1} - \overline{A_0A}) = \frac{t}{1-t}$$

記之為　$w = \dfrac{t}{1-t}$，那麼 t 用 w 表示成 $\dfrac{w}{1+w} = t$

即

$$\begin{aligned} x = x_0(\frac{1}{1+w}) + x_1(\frac{w}{1+w}) \\ y = y_0(\frac{1}{1+w}) + y_1(\frac{w}{1+w}) \end{aligned} \tag{7}$$

註：某班這學期某科考了兩次試：期中考、期末考，老師說：學期成績 x
　　是期中考試成績 x_0 與期末考試成績 x_1 的「加權平均」，(例如，各占
　　$30\% = w_0$, $70\% = w_1$)，權重各為 w_0, w_1

　　則

$$\begin{cases} w_0, \ w_1 \geq 0 & ① \\ w_0 + w_1 = 1 & ② \end{cases}$$

　　而

$$x = w_0x_0 + w_1x_1 \tag{8}$$

一般地說，放棄②式，就成為：

$$x = \frac{w_0 x_0 + w_1 x_1}{w_0 + w_1} \tag{9}$$

（例如 $w_0 = 6$, $w_1 = 14$, 仍得 $\frac{w_0 x_0 + w_1 x_1}{w_0 + w_1} = x_0 \cdot 30\% + x_1 \cdot 70\%$）

所以，我們把「據點公式」改為「割點公式」。

用 $w = w_1 / w_0$ 代入

$$\begin{cases} x = \dfrac{x_0 w_0 + x_1 w_1}{w_0 + w_1} \\ y = \dfrac{y_0 w_0 + y_1 w_1}{w_0 + w_1} \end{cases}$$

記憶： $A = \dfrac{w_0 A_0 + w_1 A_1}{w_0 + w_1}$ （9）

你不要弄錯順序！記住：

$$\begin{cases} A \text{ 靠近 } A_1, & \text{則 } w_1 / w_0 > 1 \\ A \text{ 靠近 } A_0, & \text{則 } w_0 / w_1 > 1 \end{cases} \tag{10}$$

2-3 質心與凸性組合

例題 1 有三點 $A_i = (x_i, y_i)$, $i = 1, 2, 3$。$\overline{A_2 A_3}$ 的中點是

$$D = (\frac{x_2 + x_3}{2}, \frac{y_2 + y_3}{2})$$

這是割比 $1:1$ 的割點。

其次，作： A_1 與 D 的線段上，割比 $1:2$ 的割點即

$$G = \frac{1 A_1 + 2 D}{1 + 2}$$

這是重心！

$$(\frac{x_1 + x_2 + x_3}{3}, \frac{y_1 + y_2 + y_3}{3}) \tag{11}$$

這裡再度有「各個坐標分別考慮」的原則，並且這裡的公式又是「兩點」情形的推廣。一般地說，N 個點 $A_i = (x_i, y_i)$, $i = 1, 2, \cdots, N$，其形心（質心）就定義為 $(\overline{x}, \overline{y})$。

$$\begin{cases} \overline{x} = \dfrac{x_1 + x_2 + \cdots + x_N}{N} \\[2mm] \overline{y} = \dfrac{y_1 + y_2 + \cdots + y_N}{N} \end{cases} \tag{12}$$

這是等權的情形。

物理上若取質量 $m_1, m_2, \cdots, m_3$ 分置於點 $P_1, \cdots, P_N$，全系的質量中心在 $(x, y$（或再加 z）$)$，其中

$$x = (m_1 x_1 + m_2 x_2 + \cdots + m_N x_N) / (m_1 + m_2 + \cdots + m_N) \tag{13}$$

等等，事實上它可以這樣子求：

先考慮兩個質點 m_1, m_2 位於 P_1, P_2，求出質心 P_2'；然後取質量和 $m_1 + m_2 = m_2'$ 放在 P_2' 處，與放在 P_3 處的質點 m_3 再做質心，$P_3'\cdots$ 依此類推，就得到全系之質心。（這是一種可締律！）

如果所有的質量（＝權＝重量）都相同，這公式變回原來的(12)式。此時，物理又變回幾何了：質心只由位置（形狀）決定，因此，這時候質心叫做形心。通常不指定權重時，就是指這種情形！

問題 1 固定了諸點 $A_1, A_2, \cdots, A_N$ 依種種不同可能的權重 $w_1, w_2, \cdots, w_N$ 作出質量中心來，你能得到的質心之集合為何？

答 設 $A_1, A_2, \cdots, A_k$ 依次連結得到一個凸多角形，而其他 $(N-k)$ 點 $A_{k+1}, A_{k+2}, \cdots, A_N$ 都在此多角形內，那麼所求集合就是這個「凸多角形區域」。（連同其周界！這叫做閉域）

我們可以把(13)式寫成

$$(\overline{x},\ \overline{y}) = P = \frac{w_1 A_1 + w_2 A_2 + \cdots + w_N A_N}{w_1 + w_2 + \cdots + w_N}$$

（意思是兩坐標分別考慮！）

或者用

$$r_i = w_i / (w_0 + w_1 + \cdots + w_N)$$

表示成

$$P = r_1 A_1 + r_2 A_2 + \cdots + r_N A_N \tag{14}$$

這一組係數 $(r_1,\ r_2,\ \cdots,\ r_N)$ 稱做凸性係數。（都 ≥ 0，而且和 $= 1$）點 P 是諸點 A_i 的凸性組合！

例題 2 兩點 $P_1 = (5, 4)$, $P_2 = (3, 29)$，依 $2 : 5$ 之分割比，割點為何？

解 $x = \dfrac{2 \cdot 5 + 5 \cdot 3}{2 + 5} = \dfrac{25}{7}$

$y = \dfrac{2 \cdot 4 + 5 \cdot 29}{2 + 5} = \dfrac{153}{7}$

2–4　平直組合

回到割點公式來。

假設 $A_0 = (x_0, y_0)$, $A_1 = (x_1, y_1)$ 是平面上相異兩點，作它們的連線 ℓ。在 ℓ 上，用 A_0 做原點，$\overrightarrow{A_0 A_1}$ 的長度為單位長，A_1 的方向為正方向，又可以設立一個直線坐標系；它的坐標，我們用 (t) 表示；換句話說，這個 t 坐標系是 ℓ 上以 A_0 為原點，A_1 為基準點的坐標系。另外，ℓ 上的點也是平面上的點，因而也有它的原來的卡氏坐標 $(x, 7)$，我們現在來追究對 ℓ 上的點 A 兩種坐標之間的關係。

根據定義：$t = \overrightarrow{A_0 A} / \overrightarrow{A_0 A_1}$（「據比」），並且，應該考慮 A 對於 A_0

而言的方向，$\overrightarrow{A_0A}$ 與 $\overrightarrow{A_0A_1}$ 同向時 $t>0$，反向，則 t 為負。

除了 t「可正可負」之外，此式根本就是據點公式。

容易看出：

$$\begin{cases} x = x_0 + t(x_1 - x_0) \\ y = y_0 + t(y_1 - y_0) \end{cases}$$

或

$$\begin{cases} x = x_0(1-t) + x_1 t \\ y = y_0(1-t) + y_1 t \end{cases} \tag{15}$$

可以代表 $\overline{A_0A_1}$ 直線上的任意一點，$0 \le t \le 1$ 時，A 在線段 $\overline{A_0A_1}$ 上，原則就在線段外，$t>1$；在 A_1 外邊，$t<0$，則在 A_0 外側。

我們也可以用 $w = (1-t)/t$ 代替 t，這時

$$\begin{cases} x = (x_0 + wx_1)/(1+w) \\ y = (y_0 + wy_1)/(1+w) \end{cases}$$

但不允許 $1+w=0$。

如果覺得上式不對稱，可用 $w = w_1/w_0$ 代入成

$$\begin{cases} x = (w_0 x_0 + w_1 x_1)/(w_0 + w_1) \\ y = (w_0 y_0 + w_1 y_1)/(w_0 + w_1) \end{cases} \tag{16}$$

(15)式中的 t 仍叫據點比，就是此直線上，「以 A_0 為原點，A_0A_1 為單位長的坐標系」中點 A 的坐標。同樣地，(16)式，$w_0 : w_1$ 仍叫「割比」，這比例可以是任意實數，但不可以是 -1。

註：推廣地說，我們可以把

$$\begin{cases} x = \dfrac{w_1 x_1 + w_2 x_2 + \cdots + w_N x_N}{w_1 + w_2 + \cdots + w_N} \\ y = \dfrac{w_1 y_1 + w_2 y_2 + \cdots + w_N y_N}{w_1 + w_2 + \cdots + w_N} \end{cases} \tag{17}$$

（簡記成 $A = (x, y) = \dfrac{w_1 A_1 + \cdots + w_N A_N}{w_1 + \cdots + w_N}$）

叫做 $A_i = (x_i, y_i)$ 的<u>平直組合</u>。

<u>平直係數</u>是 $r_i = w_i / (w_1 + \cdots + w_N)$，當然分母 $(w_1 + \cdots + w_N)$ 不得為 0，

而<u>平直係數</u> $r_1, \cdots, r_N$ 只限定和為 $1 = r_1 + r_2 + \cdots + r_N$，

$$A = r_1 A_1 + r_2 A_2 + \cdots + r_N A_N \tag{18}$$

例題 1 Menelaus 定理（<u>孟內勞斯</u>）

在三角形 ABC 之三邊（延長之直線）上各取一點 P, Q, R，則三

點共線之條件為

$$\frac{\overline{BP}}{\overline{CP}} \cdot \frac{\overline{CQ}}{\overline{AQ}} \cdot \frac{\overline{AR}}{\overline{BR}} = 1$$

你必須照輪迴的順序寫，而且應該計較在

每一邊上的「號」，圖中 $\overline{BP} / \overline{CP}$ 為正，

$\overline{CQ} / \overline{AQ}$ 為負，$\overline{AR} / \overline{BR}$ 亦然，改為割比，

則得

$$\frac{\overline{BP}}{\overline{PC}} \cdot \frac{\overline{CQ}}{\overline{QA}} \cdot \frac{\overline{AR}}{\overline{RB}} = -1$$

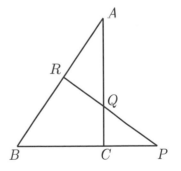

（割比的乘積為 -1）

如何證明？連 PA，則

$$\frac{\overline{BP}}{\overline{PC}} = \frac{\triangle ABP}{\triangle APC}, \ \frac{\overline{CQ}}{\overline{QA}} = \frac{\triangle PCQ}{\triangle PQA}, \ \frac{\overline{AR}}{\overline{RB}} = \frac{\triangle PAR}{\triangle PRB}$$

所以

$$\frac{\overline{CQ}}{\overline{QA}} \cdot \frac{\overline{AR}}{\overline{RB}} = \frac{\triangle PCQ}{\triangle PRB} \cdot \frac{\triangle PAR}{\triangle PQA} \quad (\text{換了分母})$$

$$= \frac{\triangle PCQ}{\triangle PRB} \cdot \frac{\overline{RP}}{\overline{PQ}}$$

$$= (\frac{\overline{PC}}{\overline{PR}} \cdot \frac{\overline{QP}}{\overline{PB}}) \cdot \frac{\overline{RP}}{\overline{PQ}}$$

$$= \frac{\overline{PC}}{\overline{PB}}$$

故證畢。

附　錄　割比與無限遠點

如果回到原來的圖，則

$$PP_0 : P_1P = w \tag{19}$$

在 $w < 0$ 時，表示點 P 在線段 P_0P_1 的外側。因此，(19)式成為外割點的公式。當 w 為負：$|w| < 1$，則 P 近於 P_0 (即是如上圖中 P' 點)，$|w| > 1$，則 P 近於 P_1 (如上圖中 P'' 點)。

圖中，點 P' 往右跑，則割比 w 之絕對值漸漸增加，趨近 1 時，即是 w 漸減，趨近 -1；點 P'' 往左跑，則割比之絕對值漸減，而趨近 1，即是「w 漸增，趨近 -1」。在公式(19)中，$w = -1$ 時，分母為 0，這就代表「無限遠的點」。

補註：

假設有 $A, B, C, D, \cdots\cdots$ 等等一些「東西」，「各各乘幾倍，加起來」，得到 $\ell A + mB + nC + \cdots\cdots$ 這叫做<u>線性組合</u>；$(\ell, m, n, \cdots\cdots)$ 叫做<u>線性係數</u>。

有三種特例：

(1)限制 $\ell + m + n + \cdots = 1$

這時，$(\ell, m, n, \cdots\cdots)$ 合稱<u>平直係數</u>。這種組合特別叫<u>平直組合</u>。

(2)限制 $\ell \geq 0, \, m \geq 0, \, \cdots\cdots$

這時，$(\ell, m, n, \cdots\cdots)$ 稱為<u>凸錐係數</u>，而所得組合叫<u>凸錐組合</u>。

(3)兼取以上<u>兩種限制</u>，則得<u>凸性係數</u>，以及<u>凸（性）組合</u>。

習 題

1.已知 $\dfrac{1}{3}A + \dfrac{17}{56}B + nC = D$ 是 A, B, C 的凸組合，試問係數 n 為何？

2.試問：C 可否代表為 A, B, D 的線性組合？ 這是凸組合嗎？

平直組合？

3 關係、函數、圖解

3-1 關係與圖解

從初中進到高中，在數學上我們要進一大步：主題不是數與式，而是「函數」。函數的概念可以說是到處都需要，數學的功能無遠弗屆，理由就在這一點！我們將從「關係」著手。

對於任何學問，「關係」這一名詞都很重要、有用。例如說吧，一個社會學者要研究的東西就是社會上的種種人際關係。更具體地說，我們常聽到「代溝」一詞，所以社會學家就需要看：現在的「親子關係」與從前的「親子關係」有何不同。類似地，他也許要研究「夫妻關係」。

就以「夫妻關係」為例吧，學者首先必須把他的定義弄得明確，（所指的究竟是「事實上的」或是指「法律上的」夫妻關係?）他可以縮小範圍，在某個社區內來研究，好，我們的第一個問題就是：他該如何數學地表達出這個「關係」?

我們提出一個「解析幾何學的辦法」，這個辦法，在此是非常不實用的，不過卻是異常重要的，因為「在原則上」它是非常明確，而且普遍適用於任何「關係」的：

例題 1　考慮這社區內所有的男人（這是個集合，記做 M），也考慮所有的女人（這是個集合，記做 W），分別編了號（例如，用姓氏、筆畫作序），在方格稿紙的下端自左到右依序寫上這些男人的名字，在左端，自下到上，依序寫上女人的名字，

然後，當男人 a 與女人 b 有夫妻關係時，就在「a 這一行，b 這一列」的格子上點上一點（或者打個叉也可以）。

⋮					
⋮		×			
⋮					
李來	×				
⋮					
王未				×	
M／W	丁一	丁二	⋮	⋮	張三 …………

這個辦法就叫做「卡氏（德‧卡爾特 Descartes）圖解法」；並且說「橫軸」為 M，「縱軸」為 W，這是「$M-W$ 面」上的「圖解」。

例題 2 我們還是不做社會學家，學學 Boyle（玻義耳）、Charles（查理）來考慮一定量的氣體，在固定溫度下，「體積與壓力」的關係：他（們）做了很多實驗，得到很多「數據」，記錄如下：

$v=$	v_1	v_2	…………	v_n
$p=$	p_1	p_2	…………	p_n

你也知道該如何做這個「卡氏圖解」：在坐標方格紙上，選定一條橫線做「v 軸」（此時宜選在最下方！），及一條縱線做「p 軸」，（也宜選在最左方）交點稱做「原點」。

在 v 軸上選好一個尺度，在 p 軸上也選好一個尺度，於是，對於數據 (v_i, p_i)，在 v 軸及 p 軸上各找出對應的點 v_i, p_i，各做過這兩點的縱線及橫線，相交於一點，稱為點 (v_i, p_i)；如此做出 (v, p) 面上的一堆點來，這堆點之全體就代表了整個實驗之結果！

註：　1. 因為物理量 v 和物理量 p，並不是同一類的，不同「量綱」，所以單位的選擇，各不相干！有的時候，即使是同類的物理，為了方便，兩軸也可以各用不同的單位。

2. 因為兩軸各叫 v 軸，p 軸，這平面就叫做 (v, p) 平面；通常講平面都是 (x, y) 平面。

3. 本來縱、橫兩軸完全對等，但是，習慣上我們先說橫軸，再說縱軸；橫軸所代表的變量是「自變量」，縱軸的卻是「因變量」；換句話說：在 (v, p) 平面，你比較注意「v 變化時，p 會怎樣跟著變？」若用幾何的觀點，v, p 的地位卻是完全相同的！

問題 1　以你的學校所在地最方便的火車站為準，試寫出各火車站到此地的距離（公里數）p 與火車普通票價 v 之關係圖！

在例題 2，Boyle 所得的關係圖永遠是有限個點！人力只能做「有限」的事！不過，我們卻可以想像出有一個關係圖是連續不斷的曲線！數學就是要運用想像，對付這個想像中的曲線！你不要以為「這是不切實際的」。當我們得出這條曲線的規律時，我們就可以根據它而算出：「v 如何時，p 將如何」；科學絕不是「取得（有限個）數據」而已，就是因為有著數學的想像與推理！這是我們的第一個「注意」。

我們的第二個注意是：觀測的誤差絕對是難免的，不過，經驗告訴我們：從近似值之中，我們也可以得出近似的「真理」，我們可以逐步逼近這個真理，所以我們相信真理存在。科學家絕不會是虛無主義者，也絕不悲觀，Boyle 當然知道他的數據只能準確到一個程度，但是他絕不因此以為：「錯 1 c.c. 也是錯的，錯 50 m^3 也是錯」。（微積分學是在對付「差不多」的學問的，只是它的推理是精確的，不是差不多的。）

我們的第三個注意，和上面這個不一樣，卻有關聯！Boyle 由他的數據，判定了：「p 與 v 反比」，這也就是說：

$$p_1 v_1 = p_2 v_2 = p_3 v_3 = \cdots = p_n v_n$$

真正如此嗎？不！這些符號都不對，只是「差不多」而已。

你不可以歸咎於誤差！你可以想像出一個理想的實驗觀測，絕無誤差，而結果仍然不會有等號，這個錯是在定律本身！這定律只是個近似定律，它只對「理想氣體」才完全適用，才精確，世界上沒有理想氣體！但是如果沒有「理想氣體」這個概念的發明，所有近代的科學都不可能產生了！

我們要說的第三個要點就是：適度的簡化、理想化，是科學所必需的。數學模型通常都適度簡化，只有這樣才能夠讓我們看清楚要點與根本精神。

繼續討論例題 2，那麼 Boyle 把體積與壓力的關係加以圖解之後，他得到一些點，而且這些點 (v_i, p_i) 也滿足了（差不多！）

$$v_i p_i = K$$

的關係式，他就相信：體積 v 與壓力 p 應該滿足

$$vp = K$$

這就是說：如果他設法再多得一個數據，得到 (v_{n+1}, p_{n+1})，仍然該有

$$v_{n+1} p_{n+1} = K$$

的關係；他也相信，隨便給一對 a, b，只要（$a > 0, b > 0$，而且）

$$ab = K$$

那麼就一定有辦法把這個氣體變成「體積為 a，壓力為 b」的狀態。

科學的工作第一步就是這個樣子，由實體觀測，得到一堆數據；

利用表解或圖解，提出一個適當的關係式，使得所有數據都是近似地滿足這個式子。

必須注意的是：一個式子（通常）就代表了無限多個數據！不論你得到如何多的數據 $(v_1, p_1), (v_2, p_2), \cdots, (v_n, p_n)$（$n$ 很大！）總可以再找到一個 v_0，與 $v_1, \cdots, v_n$ 都不一樣的，於是可以得到相對應的 $p_0 = K/v_0$，這就是一個新的數據了；科學的第一步工作，以圖解來說，就是要從有限多個點，來「連出一條曲線」。連得適當不適當，當然又要由實驗觀察來「判決」。

我們也可以設想一個相反的問題：如果給我們一個關係式，例如，$xy^2 = 1$，我們該怎麼畫它的圖形？（下一節再討論）

例題 3 許多點的集合可以構成曲線，試將下列各點置放於坐標系中，並以平滑的線將它們連結起來：

x	-3	-2	-1	0	1	2	3	4	5	6
y	12	4	-2	-6	-8	-8	-6	-2	4	12

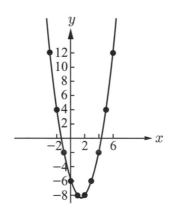

例題 4 點的集合可以表示曲線的圖形,試將下列各點置放於坐標中,並以平滑的線將它們連結起來。

x	-3	-2	-1	0	1	2
y	-3	0	3	6	9	12

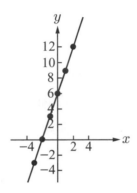

3-2 由式子定圖形

你必須先懂得:什麼叫做圖形,什麼又叫做「$xy^2 = 1$ 的圖形」?

我們把「圖形」解釋為:「由點所構成的束西」,圖形的元素就是點,所以,點的集合(點集)就是圖形。在我們學過的坐標幾何中,一點就是由它的兩個坐標:橫坐標(即 x 坐標)與縱坐標(y 坐標)合起來代表;所以,當我們說「圖形(或曲線)$xy^2 = 1$」時,我們就是要找出所有能夠滿足這方程式 $xy^2 = 1$ 的點 (x, y),例如

$x =$	1	1	3	4	·················
$y =$	1	-1	$\dfrac{1}{\sqrt{3}}$	$\dfrac{-1}{2}$	·················

每一對就表示一點，所有的這些點，就構成這個圖形！換言之，「$xy^2 = 1$ 的圖形」，或者「曲線 $xy^2 = 1$」，指的就是：

$$\{ 點\ (x,\ y) : xy^2 = 1 \}$$

即「滿足了 $xy^2 = 1$ 的點 $(x,\ y)$ 所成的集合」。

當然我們會再度的碰到這個困難：滿足這個關係式的點有無限多個，我們不可能都把它算出來！（且不用說這個計算可能很煩！）還好，你可以抱著這個信念：只要取了夠多的，而且（適度）精密的點，所（適當地）連成的曲線就是很好的近似圖形。（差不多對的圖形！）

問題 1 在坐標紙上，標出下列四個點：

$(7,\ 2),\ (7,\ -6),\ (1,\ 2),\ (1,\ -6)$

試寫出一個方程式，使得其圖形通過上一問題的四個點！

例題 1 求做 $xy^2 = 1$ 的圖形。

$x =$	1	1	3	3	4	4	2	2	$\frac{1}{2}$	$\frac{1}{2}$	$\frac{1}{3}$
$y =$	1	-1	$\frac{1}{\sqrt{3}}$	$\frac{-1}{\sqrt{3}}$	$\frac{-1}{2}$	$\frac{1}{2}$	$\frac{1}{\sqrt{2}}$	$\frac{-1}{\sqrt{2}}$	$\sqrt{2}$	$-\sqrt{2}$	$\sqrt{3}$

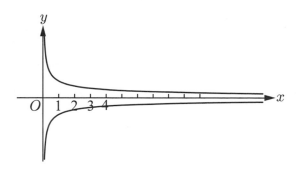

把這些點描出，大概可以連成一條近似的曲線吧！

例題 2 試做 $(x^2 - 8x + 7)(y^2 + 4y - 12) = 0$ 的圖解。

解 這方程式表示：

$x^2 - 8x + 7 = 0$，或者 $y^2 + 4y - 12 = 0$

即　「$x = 1$」或「$x = 7$」或「$y = 2$」或「$y = -6$」

滿足了 $x = 1$ 的所有點 (x, y)，其全體是一條直線（縱垂）。這樣一來我們看得出所求的圖形是「四條直線之聯集」，如下圖所示。

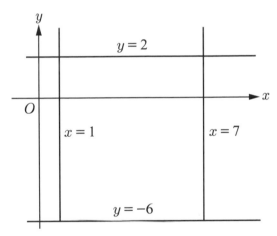

問題 2 在問題 1 的坐標紙上，再標出另外的四點：

$(9, -2), (-1, -2), (4, 3)$ 及 $(4, -7)$

連同問題 1 之四點，一共八點，

試寫出一個方程式通過這八點。

問題 3 求做 $x^2 - 8x + y^2 + 4y - 5 = 0$ 的圖形。

最後我們談一談一個重要的規約。

在問題 3（如上），方程式 $x^2-8x+y^2+4y-5=0$ 的圖形是一個圓，圓心為 $(4,-2)$，半徑為 5。這個圓如果記做 Γ，那麼 Γ 就是由所有的在圓上的點所成之集合；也就是說：Γ 即 $\{(x,y):0=x^2-8x+y^2+4y-5\}$。我們在解析幾何中將把「$\{(x,y):0=x^2-8x+y^2+4y-5\}$」省去，單單說成 $\Gamma:x^2-8x+y^2+4y-5=0$，更一般地說，不論是怎麼樣的關係式

$$f(x,y)=0$$

我們就用「曲線：$f(x,y)=0$」來代替「曲線：$\{(x,y):f(x,y)=0\}$」，在解析幾何學中，這是一個重要而方便的規約。改等號為不等號，也用這種規約。

例題 3 $\phi:3^x=0$ 就是空集！

例題 4 直線上的一段，如何表示？

解 假設 A、B 兩點是實軸上的兩點，坐標分別是 a,b，且點 B 在右邊，則 $a<b$。那麼閉線段 $\overline{AB}$ 就是 A、B 之間一切點 P 的全體。P 的坐標若是 x，則 $a\le x\le b$。反之，若 $a\le x\le b$，那麼 x 所代表的點當然在 A、B 之間。所以這個線段就是所有滿足了 $a\le x\le b$ 的點 x 之集合，亦即

$$\overline{AB}=\{x:a\le x\le b\}$$

習慣上，我們就寫作「$\overline{AB}:a\le x\le b$」。另外，我們也往往把 $\{x:\ \ \}$ 省略掉，而只記為 $a\le x\le b$。

例題 5 平面上的一個圓 C，如何表示？

解 暫時我們假定這個圓的圓心就是坐標系的原點，而圓的半徑是
1.4，所以圓 C 就是與圓心 O 距離為 1.4 的那些點 P 的集合，亦
即 $C = \{P : \overline{OP} = 1.4\}$；其次把 P 改成 $P = (x, y)$，我們先注意到，

$$\overline{OP} = \sqrt{x^2 + y^2}$$

所以圓 $C = \{(x, y) : \sqrt{x^2 + y^2} = 1.4\}$，當然它也可改寫成

$$C = \{(x, y) : x^2 + y^2 = 1.96\}$$

且習慣上，再把 $\{(x, y): \quad\}$ 也省略掉，那就成了

$$C : x^2 + y^2 = 1.96$$

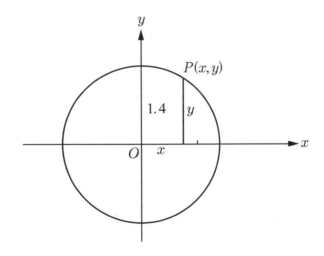

例題 6　平面上的圖形 $H:x\geq 0$ 是什麼東西?

解　H 應該是 $\{(x,y):x\geq 0\}$。唸成「滿足了 $x\geq 0$ 的點 (x,y) 之全體!」這就是平面上，y 軸之右且包含 y 軸的半個平面! 見圖

例題 7　圖形 $D:2x^2+2y^2\leq 50$ 是什麼?

解　若 $P=(x,y)$，則 $\sqrt{x^2+y^2}=\overline{OP}\leq 5$，故 D 是個圓盤，其半徑為 5，而圓心在原點! 見圖

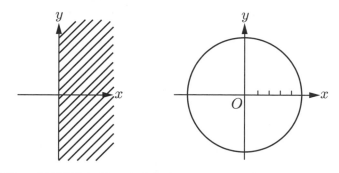

　　假設 G 是平面上的一個圖形，即 G 是個平面上的點集，如果 $G=\{(x,y):\varphi(x,y)=0,$（或不等式，或方程組）$\}$，也就是說，$G$ 是「滿足了方程式 $\varphi(x,y)=0$（或不等式，或方程組，……）的那些點之集」，我們就說「$\varphi(x,y)=0,\cdots$」是「G 的方程式」（或不等式……）。反過來說，已知方程式（或不等式，或方程組……）$\varphi(x,y)=0$，我們做出點集 $G=\{(x,y):\varphi(x,y)=0\}$，那麼 G 就叫做「方程式 $\varphi(x,y)=0$ 的圖形」。「圖形」是幾何所要處理的對象，而「方程式」是代數所要探討的對象。例題 4 跟例題 5 是由圖形求方程式；例題 6 及例題 7 是反其道而行，由方程式求其圖形。這種圖形與方程式溝通，就是解析幾何學了。

　　大家都學過了算術，熟悉各種運算：加法、減法、乘法、除法、開方等；同時對幾何也有一些直覺的認識，解析幾何就是聯合這兩種工具來描述或解決數學問題的一門學問。

　　有很多問題原來是幾何的，經過坐標系的運用，化成代數（或者說算術）的語言後，變得出奇的簡單。例如，我們觀察砲彈飛行的情形，我們可以把它的軌跡描在坐標紙上，連接成一條曲線，或者用更直接的方法，使它在坐標紙上留跡，見下圖：

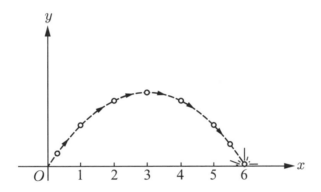

研究這個軌跡曲線，發現它可以用 $y = \dfrac{3}{2}x - \dfrac{1}{4}x^2$ 來表示，這一來關於這曲線的一切問題都變成了簡單的代數了！（例如：最高高度？最遠路程？）

3-3　函　數

回想 3-1 中的例題 1，我們用卡氏坐標法圖解了某一社區中的夫妻關係。如果我們想像這是個理想的「大同」社會，用了澈底無瑕的一夫一妻制，那麼夫妻關係就是「一對一」的關係：我們用 M_0 表示所有的做丈夫的人，W_0 表示所有的做妻子的人全體，在 M_0－W_0 面上做了「夫妻關係」的圖解，那麼，對於每一個人 $a \in M_0$，有唯一的一個 $b \in W_0$，使得「b 是 a 之妻」，我們記做 $b = w(a)$。（讀成「b 是 a 之妻」）同樣地，對於每個 $b \in W_0$，有唯一的一個 $a \in M_0$，使得「a 是 b 之夫」我們就記成 $a = h(b)$。

以圖解來說，我們會發現：在 a 那一行一定有一格，$w(a)$ 那一格，點了記號，同樣地，在 b 那一列，一定有一格，而且也只有一格，即 $h(b)$ 那一格，點了記號！

我們說：這個 M_0－W_0 間的「夫妻關係」是個「對射」。

註：有些書，用了「一對一，且映成的函數」這個詞。這個詞很差，譯自英文的 "one-to-one and onto"——而英文這一詞本身就很不好！（用「一對一」(one-to-one) 都更好）——冗長而且詞性彆扭。

對於不太理想的社會又如何？我們想像是在一個「一妻多夫制」的社區；這時對於每個 $a \in M_0$，（每個「做丈夫的人」a）就可以找到一個 $b \in W_0$，（「一個女人」b）使得

$$b = w(a)$$

但是，不同的丈夫 a_1, a_2 ($a_1 \neq a_2$) 卻可能有同一個 $w(a_1) = w(a_2) = b$ 做妻子。（這是陋俗！）

用圖解來看：對於每一個 $a \in M_0$，「必有一個且只一個 $b = w(a)$」就等於是說：

(1)在每一行都恰恰好有一格，點了記號。

　　但是，對於每一列，$b\ (\in W)$ 那一列，

(2)可能沒有一格點了記號，這也就是說，這個女人 b 沒有丈夫！

(3)也有可能不止一格點了記號，也就是說，

$$b = w(a_1) = w(a_2), \ 且\ a_1 \neq a_2。$$

問題1 在一個一夫多妻的社會，設 M 表示 {所有的男人}，而 W_0 表示 {所有做妻子的}。令 $a = h(b)$ 表示：a 為 b 之夫。試敘述與上述(1)，(2)，(3)相當者。

一般地說，如果 A, B 是兩個集合，各自表示「變量」x, y 可以變動的範圍，而且，在我們的觀察中，當 x 在 A 中取了一值 a 時，y 在 B 中必然地也取了一值，且只取一值 b，當然這裡的 b 常是隨 a 而變的。(註：「不變」是「變」的特例！) 我們說「y 是 x 的函數」，這個「函數」指的是由「a 得 b」(「由 x 得 y」) 的規則。如果這函數用 ϕ 來表示，那麼 b 叫做「a 在 ϕ 之下的影」。A 是 ϕ 之「定義域」(「定義的範圍」)，B 是 ϕ 之「值域」(「取值的範圍」)，而寫成

$$b = \phi(a), \ \phi : A \to B, \ \phi : x \mapsto y = \phi(x)$$

兩個不太理想的性質，也有名字：

(1)「ϕ 不是蓋射」，表示：

　　有個 $b \in B$，而我們找不到 a，以使得 $\phi(a) = b$ 成立

(2)「ϕ 不是嵌射」，表示：

　　有 $a_1 \neq a_2$，使 $\phi(a_1) = \phi(a_2)$。

例題 1 換句話說，在上述 $w : M_0 \to W$ 的情形，「w 為蓋射」表示：每個 $b \in W$ 都擁有丈夫；而另外一方面，「w 為嵌射」就表示每個 $b \in W$ 都是最多只有一個丈夫，（即是，可能尚未結婚，若是結婚，也「只娶進一個丈夫」!）——記住，這例子是在（我們判斷是）「一妻多夫」的社會來討論的!

例題 2 在 Boyle 的例子，他得到了方程式

$$pv = 25 \text{（升・巴）}$$

（取常數 $k = 25$（升・巴））

用 V 表示此定量氣體所可能有的體積，用 P 表示它所可能有的壓力（之集合）。如果取好單位，（如前者用升，後者用巴）那麼 P, V 都是 $\mathbb{R}_+^*$，$\equiv \{$所有的正實數$\}$，——不能有負體積、零體積；負壓力、零壓力。

註：技術上 p 與 v，太大或太小，也是不可能的!

　　但我們仍然用「想像力」來做!

所以，我們得到一個函數

$$v \to p = 25 / v$$

這是從 V（即 $\mathbb{R}_+^*$）到 P（也是 $\mathbb{R}_+^*$）的對射。

例題 3 最先研究落體運動的是 Galilei，（我們想像替他做實驗，用現代儀器）得到了如下的關係式

$$s = 4.9t^2$$

s 指「放手之後落體的下降距離」，（以米 m 為度量單位）而 t 指「放手之後所經時間」。

$t =$	1	2	3	4	
$s =$	4.9	19.6	44.1		

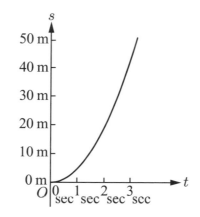

如果用 S 表示這落體可能下達的距離（以 m 為單位），而 T 為可能經過的時刻，（以秒為單位）則 (我們將假設!)

因　$0 \leq s \leq 122.5$ (m)，故 $S = [0; 122.5]$

而　$0 \leq t \leq 5$ (sec)，故 $T = [0; 5]$

這裡，$[a; b]$ 表示，所有從 a 到 b 所有實數所成的集合。（其中 $a < b$）

這裡的 $s \mapsto t$ 也是對射！

　　如果你運用想像力，其實，S, T 都可以擴大（你可以想像在<u>玉山</u>之巔丟石頭！）推而至於極端，那麼 S, T 都可以改為 $\mathbb{R}_+$（≡ 所有「非負實數」所成的集合！）。當然這例子，我們一方面要理想化：一方面忽略掉一切空氣的阻力，……；一方面也忽略掉地面高度導致的引力的改變！

例題 4 在例題 3，定義域是 $\mathbb{R}_+$（或其子集 [0; 5]）是否可以讓 $t < 0$?

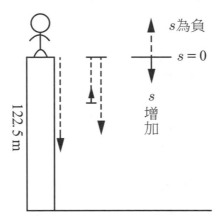

　　我們可以考慮一個「上拋運動」，想像我們用力「筆直的往上拋一個物體」，我們仍然用到達最高點的那一刻作為計算時間的標準，而且也用那個位置來量距離，這一來，公式

$$s = 4.9t^2$$

仍然正確！只是現在將有 $t < 0$ 的情形——這是在到達頂點以前的時刻。觀察的結果是

$t =$	-3	-2.5	-2	-1.5	0	1	2	$\cdots$	4	4.5
$s =$	44.1	30.625	19.6	11.025		4.9	19.6	$\cdots$	78.4	99.225

這樣子，我們就得到一個函數

$$t \to s = 4.9t^2$$

注意：這個實驗並不好安排！

想像發射處離頂點有 44.1 m，則經過 3 秒到達頂點，——離地面 122.5 m 高，則再經過 5 秒，墜達地面。那麼 t 的變動範圍是 $[-3; 5]$，s 的範圍是 $[0; 122.5]$，於是這個函數

$$t \in [-3; 5] \to s = 4.9t^2 \in [0;\ 122.5]$$

就不再是嵌射了！這是因為，例如說吧，$t = +2$ 或 -2，s 都是 19.6。

那麼，這個函數是不是蓋射呢？答案是肯定的，因為對於 $[0; 122.5]$ 中的任一個元素 s 都可以找到一個 t，使得

$$s = 4.9t^2$$

只要令 $t = \sqrt{s/4.9}$ 就好了。

（事實上，若 $0 \le s \le 44.1$，則 $t = -\sqrt{s/4.9}$ 也可以！）

拿例題 3 與例題 4 來比較，同樣是 $t \mapsto s = 4.9t^2$，怎麼說一個是對射而一個卻連嵌射都不是呢？這是因為我們在講函數的時候，必須先著眼在定義域，其次要著眼於值域，當然還得看如何定義那個對應關係；一個函數是否「一樣」，就要看這三種東西是不是一樣。例題 3 與例題 4 之不同，就在於定義域與值域；定義域與值域，在「例題 3」就比「例題 4」小，（前者的是後者的子集）所以例題 3 的函數就是例題 4 的函數之「局限」，因為「對應關係」$s = 4.9t^2$ 是一樣的！反過來說，例題 4 的函數是例題 3 函數的「延拓」（擴展）。

例題 5 我們也可以把例題 4 改一下。

開始上拋的時刻是 -3 (sec) 位置，在 $s = 44.1$ m 處，如果事先未曾計算，那麼這物體（石頭）可能到多高，我們並不知道。此地 s 指的是以 122.5 m 高的樓頂為準，而向下計算的距離；若石頭超過樓頂，s 就是負的了！所以在這實驗中，可以認為 s 的範圍是 {一切 ≤ 122.5 (m) 的長度}，也就是 $(-\infty; 122.5]$。如果我們採用這個作為值域，那就得到了一個新的函數：

$$t \in [-3; 5] \to 4.9t^2 = s \in [-\infty; 122.5]$$

這是例題 4 函數

$$t \in [-3; 5] \to 4.9t^2 = s \in [0; 122.5]$$

的延拓；這一延拓，喪失了「蓋射性」，因為，事先以為「石頭可能超過頂樓」（即 $s < 0$），結果並沒有！也就是說，在定義域 $\{-3; 5\}$ 中怎麼找也找不到一個 t，使得 $4.9t^2$ 會 < 0。

3-4 函數的圖解

定義 設 A, B 是兩個不空的集合，如果我們對於 A 中的每一個元素 a，都可以找到 B 中唯一的一個元素 b 來對應他，我們說這整個對應關係成功，一個函數（或者「映射」）以 A 為定義域，B 為值域，而且，若這函數記做 ϕ，那麼記 $\phi: A \to B$，也記 $\phi(a) = b$，函數 ϕ 的「圖解」可以這樣子來想像：畫一水平線代表定義域 A，畫一垂直線代表值域 B。在 A 線上 a 點處，畫一垂直線，在 B 線上點 $\phi(a)$ 處畫一水平線，兩線交於一點。點記做 $(a, \phi(a))$；所有的這種點的全體，

即 $\{(x, \phi(x)) : x \in A\}$，就是 ϕ 的圖解。

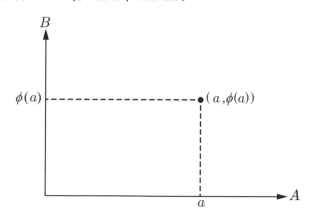

例題 1 以 A 表示這班 53 個人全體，

以 B 表示 $\{0, 1, 2, \cdots, 100\} \equiv [0; 100]_{\text{整}}$

用 $\phi(x)$ 表示 x 的成績，（確定了這次考試這一科）這是個函數其圖解

如下：

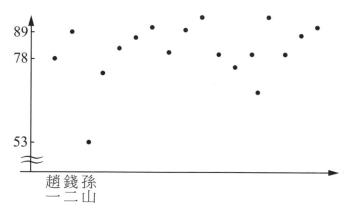

如果用學號（1 至 53）代替姓名，這函數成了

$$\phi : [1; 53]_{\text{整}} \to [0; 100]_{\text{整}}$$

問題 1 這函數有可能是蓋射嗎? 嵌射嗎? 最好我們談一下如何從一

個對應關係的圖解（圖形）來判斷它是不是一個函數。如果

是，又該如何判定嵌射性? 蓋射性?

如果變數 x 在 A 中變動，y 在 B 中變動，而 x 與 y 的關係被圖解了。

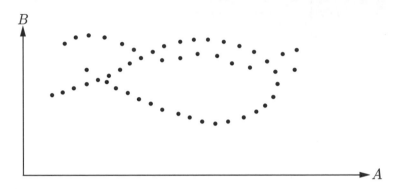

這就得到許多點 (x, y)，其全體 Γ 就是「這關係之圖形」著這裡。有

函數關係 $\phi : x \in A \to y = \phi(x) \in B$，就要求:

過 A 軸上的每一點 x 作垂線，則交圖形 Γ 於唯一之一點 $\phi(x)$，

這條件就是「Γ 為某一函數之圖形」的「充分必要條件」。

其次，如果確定 Γ 是函數 ϕ 之圖形（＝圖解），那麼㈲「ϕ 為蓋

射」就等於: 自 B 軸上任一點 y 作水平線都會和 Γ 相交! 另外一方

面，㈡「ϕ 為嵌射」就等於: 自 B 軸上任一點 y 作水平線與 Γ 相交最

多一點，可能不相交!

3-5　齊一次函數、斜率

例題 1　函數 $y = 3x$ 的圖解為何?

$x =$	1	2	3	4	6	7	……
$y =$	3	6	9	12	18	21	……

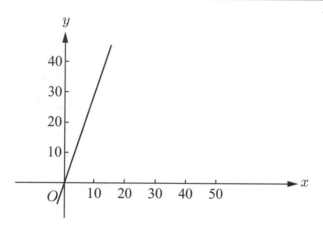

例題 2　函數 $y = -3x$ 的圖解為何?

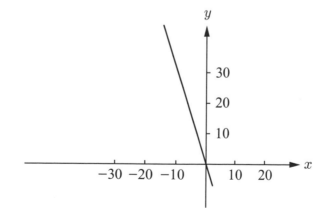

一般地說：若 $m \neq 0$，那麼，$y = mx$ 是一個（不退化的）齊一次函數，其圖解必然是「一條直線，通過原點，而且既不與 x 軸平行，也不與 y 軸平行!」反過來說這樣子的直線也一定是某個齊一次函數之圖形!

上面所說的事實，在初中已經學過了! 係數 m 叫做這條直線的斜率。命名的理由如下：

當我們在平面上建立坐標系，我們以原點為中心，往 x 軸的正向走，習慣上就稱做往東或往右，若是往 y 軸的正向走，習慣上就稱做往北或往上。「往右每走一步，會往上走幾步?」這問題的答案應該叫做「陡率」，但是叫做「斜率」更通用。照定義看，斜率就是：沿著直線往右走了一步時，往上走的步數。

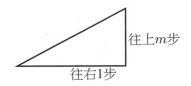

往上 m 步
往右 1 步

由這個定義，水平直線，斜率為 0，反過來說；斜率為 0 的直線一定是水平直線，沒有高低起伏，即是 y 坐標固定者。

依照定義，斜率可正可負，如果往右走時「不往上，反倒往下」時，斜率就是負的。

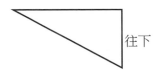

往下

所以我們通常所說的「陡」，應該用「斜率之絕對值來度量」。

習　題

1. 查詢一下，在鐵路建設的立場，路基斜率必須限制在什麼範圍內？
現在請畫下述直線：

(1) $y = 4x$

(2) $y = -4x$

(3) $y = 8x$

(4) $y = -8x$

(5) $y = 16x$

(6) $y = -16x$

　　你看得出來：（由(1)，(3)，(5)）斜率越來越大，直線 $y = mx$ 越來越陡，「終於」成為垂直直線即 y 軸；相似地，若 m 為負，越來越「小」，（絕對值越大！如(2)，(4)，(6)……）也一樣終於變成 y 軸。

　　因為這個緣故，我們規定鉛垂直線的斜率為 ∞，這個符號（8 橫著寫！）讀做「無限大」。

　　說得更清楚些，這是個「沒有符號的無限大」；本來嘛，由(1)，(3)，(5)，……斜率是趨向「正無限大」（可以記成 $+\infty$），由(2)，(4)，(6)……斜率是趨向「負無限大」（可以記成 $-\infty$），不過，在此地，正無限大與負無限大恰好有相同效果，所以就不必加以區別了，這很像：「極左」的史達林與「極右」的希特勒，沒什麼區別！
必須強調：符號與概念總是適應需要而產生的，∞ 也就是一個例子。

問題 1 試畫出曲線 $x = 0$

問題 2 試畫出曲線 $y = 0$

注意：在我們的用詞，直線是曲線的一種特殊情形!

根據規約，曲線 $x = 0$ 是指 $\{(x, y) : x = 0\}$ 也就是 y 軸，同理 $y = 0$ 是指 $\{(x, y) : y = 0\}$，也就是 x 軸，我們就證得了「一次方程式定理」。

定理 真正的一次且齊次方程式，

$$ax + by = 0,（或 \alpha x = \beta y）$$

其 a, b 不同時為 0，（才叫做「真正一次」!）

表示一直線，其斜率為 $(\frac{-a}{b})$（或 $\frac{\alpha}{\beta}$）。

當然，在 $b = 0$（或 $\beta = 0$）的情形，這分數解釋為 ∞，因 $a \neq 0$，（即 $\alpha \neq 0$）這個斜率表示它是鉛垂直線的斜率。

雖然齊一次函數 $y = mx$ 是最簡單的函數，卻也是最重要的函數!因為在應用上，它是一再出現的。

例題 3 在商業經濟行為上，若某一商品，單價為 k，則在購買 x 單位時，須有價款

$$y = kx$$

例題 4 在彈性學上，Hooke（虎克）定律說明：物體受到應力 x 時，將有應變 $y = kx$，k 是彈性係數。

注意：以上兩例都是一種理想化的模型。前者，涉及人的因素，當然只是「差不多」，例如「1 個 6 元，1 打（12 個）算你 70 元」反倒平常，（更常見的是：小賣有「小賣價」，大賣有「大賣價」。）後者也只是近似的，並且也有「彈性限度」的要求。

4 直 線

4-1 一般式

在平面上取定了一個坐標系之後，我們要怎樣用方程式來表現一條直線呢？根據前一節的說法，一條直線 Γ 一定是個點集，可以寫成

$$\Gamma : f(x, y) = 0 \tag{1}$$

之形。我們現在就是要來找出「直線的方程式」，而且要同時解釋方程式的幾何意義。

我們的結論就是：真一次方程式

$$ax + by + c = 0 \quad (a, b \text{ 不同時為 } 0) \tag{2}$$

代表一條直線，反過來說，直線的方程式也必是真一次方程式。這是初中已經學過的！

例題 1 設點 $A_1 = (x_1, y_1)$, $A_2 = (x_2, y_2)$ 為平面上不同的兩點，試求經過這兩點的直線 ℓ_1 的方程式。

解 先經過 A_1, A_2 兩點畫一條直線 ℓ，然後在直線上任取一點 A，$A \neq A_1$、A_2，設其坐標為 (x, y)，而如圖所示。再經過 A_1 點畫一直線與 x 軸平行，另經過 A_2 與 A 點，分別畫兩條直線與 y 軸平行，則這些直線將相交於 B_2 與 B 點，且其坐標為 $B_2 = (x_2, y_1)$，$B = (x, y_1)$。

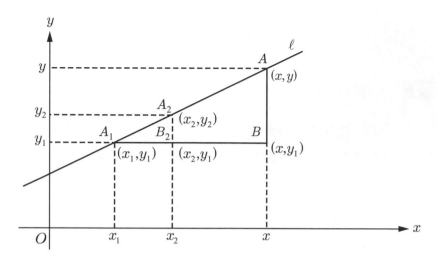

因為 $\triangle ABA_1$ 與 $\triangle A_2B_2A_1$ 相似，所以其對應邊有下面的比例關係存在：

$$\frac{\overline{AB}}{\overline{A_2B_2}} = \frac{\overline{BA_1}}{\overline{B_2A_1}} \tag{3}$$

但是

$$
\begin{aligned}
\overline{AB} &= y - y_1 \\
\overline{A_2B_2} &= y_2 - y_1 \\
\overline{BA_1} &= x - x_1 \\
\overline{B_2A_1} &= x_2 - x_1
\end{aligned}
\tag{4}
$$

所以由(3)、(4)兩式得

$$\frac{y-y_1}{y_2-y_1} = \frac{x-x_1}{x_2-x_1} \ \text{或} \ \frac{y-y_1}{x-x_1} = \frac{y_2-y_1}{x_2-x_1} \tag{5}$$

這就是經過 A_1、A_2 兩點的直線 ℓ 的公式，叫做直線的兩點式。

　　我們如果真正了解幾何上的意義，那麼就可以省去背公式的麻煩，把公式融合在幾何圖形中！

從 (x_1, y_1) 走到 (x_2, y_2)，「向右」走了 $x_2 - x_1$，「向上」走了 $y_2 - y_1$，這就是這（段）直線之斜率。括弧中的「段」字，不但「可以」省略，而且「應該」省略，因為斜率只與這直線有關，與用來計算的這一「段」無關，特別地，考慮從 (x_1, y_1) 到直線上動點 (x, y) 的這段，就得到 $\dfrac{y - y_1}{x - x_1}$。故立得兩點式：

$$\frac{y - y_1}{x - x_1} = \frac{y_2 - y_1}{x_2 - x_1} \tag{5}'$$

問題 1 兩點 (x_1, y_1) 與 (x_2, y_2) 之地位完全相同，那麼，在上式中，對調足碼 1 與 2，應該得到相同的方程式。試驗證之！

再說一遍我們的記憶法則：

斜率是 $\dfrac{\Delta y}{\Delta x}$，其中 Δ 指 difference 之（希臘字母）首字（讀成 delta），意指「差（分）」，x 從 x_1 變到 x_2，y 從 y_1 變到 y_2，其間之變化（差分）是 $\Delta x = x_2 - x_1$，$\Delta y = y_2 - y_1$，故 $\dfrac{\Delta y}{\Delta x} = \dfrac{y_2 - y_1}{x_2 - x_1}$ 指此段變化中的變化率，即幾何學上之斜率。兩點式之記法，乃是：「自 (x_1, y_1) 到 (x_2, y_2) 之直線斜率。」用 $\dfrac{y - y_1}{x - x_1}$ 及 $\dfrac{y_2 - y_1}{x_2 - x_1}$ 來計算，結果均同！

兩點（面積）式的另一解釋

　　已給兩點 $P_1(x_1, y_1) \neq P_2(x_2, y_2)$，我們考慮一點 $P(x, y)$。

問題 2 何時 $\triangle P_1 P_2 P = 0$?

依照 1–8，（可以省去 $\frac{1}{2}$，）這就是

$$(1) \begin{vmatrix} x & y & 1 \\ x_1 & y_1 & 1 \\ x_2 & y_2 & 1 \end{vmatrix} = 0$$

當然，幾何上這表示「P 在 P_1、P_2 的連線上」! 化開行列式，得

$$x y_1 + x_1 y_2 + x_2 y - x_2 y_1 - x_1 y - x y_2 = 0$$

其實就是

$$\frac{y - y_1}{x - x_1} = \frac{y_2 - y_1}{x_2 - x_1}$$

亦即 $P_1 P_2$ 直線之兩點式方程式!

同時我們已證得：三點 $P_i(x_i, y_i)$, $i = 1, 2, 3$ 共線之條件為

$$(2) \begin{vmatrix} x_1 & y_1 & 1 \\ x_2 & y_2 & 1 \\ x_3 & y_3 & 1 \end{vmatrix} = 0$$

例題 2 試證三點 $(1, 2)$, $(7, 6)$, $(4, 4)$ 共線。

證明 $\begin{vmatrix} 1 & 2 & 1 \\ 7 & 6 & 1 \\ 4 & 4 & 1 \end{vmatrix} = 6 + 28 + 8 - 24 - 14 - 4 = 0$

故三點在一直線上。

例題 3 三點 $(1, -3)$, $(-2, 5)$, $(4, k)$ 在一直線上，試求 k 之值。

答 $k = -11$

特例 若 A_1、A_2 所做成的直線與 x 軸平行，則因此時 $x_2 \neq x_1$，即 $x_2 - x_1 \neq 0$，但 $y_2 = y_1$，$y_2 - y_1 = 0$，所以直線的兩點式公式應該改成

$$y - y_1 = 0 \text{ 或 } y = y_1 \tag{6}$$

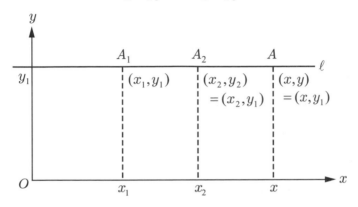

注意：兩點式的公式(5)，在 $(x_2 - x_1)$ 不為零時，才能應用。

然而 $x_2 - x_1 = 0$ 表示 A_1、A_2 所做成的直線與 y 軸平行

此時 $y_2 \neq y_1$，$y_2 - y_1 \neq 0$，但 $x_2 = x_1$，$(x_2 - x_1 = 0)$

而且 A_1A_2 直線上的點 (x, y) 也有 $x = x_1$，所以兩點式的公式應改為

$$x - x_1 = 0 \text{ 或 } x = x_1 \tag{7}$$

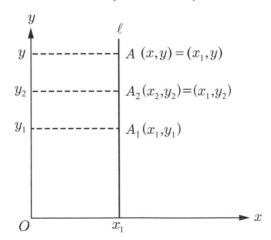

我們的結論如下：

若 $x_1 \neq x_2$，則過兩點 (x_1, y_1), (x_2, y_2) 之直線為(5)′式，若

$x_1 = x_2$, $y_1 \neq y_2$，則過此兩點之直線為(7)式。

註：我們應該做一件驗證工作，這就是：滿足(5)′式或(1)式的點 (x, y) 都在

兩點連線上，然而這是很明白的。

定理 直線的方程式必是 x, y 的真一次方程式：

$$ax + by + c = 0, \quad a, b \text{ 不全為 } 0。$$

反之，這種方程式代表了直線。

證明 (5)′ 或(7)式必可化真一次方程式，

反之，則在 $b = 0$ 時，$a \neq 0$，

故方程式

$$ax + by + c = 0$$

即為 $x = -\dfrac{c}{a}$，如(7)式

在 $b \neq 0$ 時，

方程式 $ax + by + c = 0$

可以改為(5)′ 之形，

例如，令

$$x_1 = 0, \; y_1 = -\frac{c}{b}$$

及

$$x_2 = 1, \; y_2 = -\frac{(a+c)}{b}$$

例題 4 試求經過點 (3, −4) 及點 (7, 6) 的直線方程式。

解

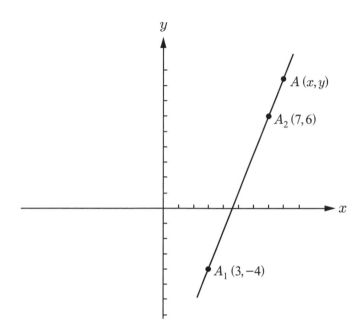

利用公式(5)或者由圖得到

$$\frac{y-(-4)}{6-(-4)} = \frac{x-3}{7-3}$$

因此 $4(y+4) = 10(x-3)$

或 $2(y+4) = 5(x-3)$

$2y + 8 = 5x - 15$

即 $2y - 5x + 23 = 0$

例題 5 假設直線 ℓ 經過互異的兩點 $(h, 0)$ 及 $(0, k)$，其中 h、k 都不為零，試求 ℓ 之方程式。

解

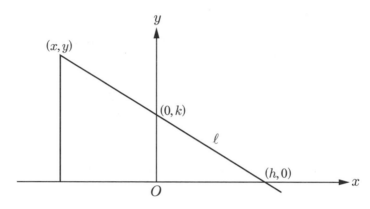

這條直線的方程式，可以代公式(5)，或直接由圖得

$$\frac{y - 0}{x - h} = \frac{k - 0}{0 - h}$$

即
$$-hy = kx - hk$$

$$kx + hy - hk = 0 \tag{8}$$

這就是 ℓ 的方程式。

當然，我們用不著假設「$hk \neq 0$」，只要有一個不是 0 就好了，不過，如果 $hk \neq 0$，則可以用 hk 去除(8)，得到

$$\frac{x}{h} + \frac{y}{k} = 1 \ (hk \neq 0) \tag{9}$$

這公式叫做直線的截距式。

為什麼這麼叫呢?

假設直線 ℓ 跟 x、y 兩軸都相交，而且又不經過原點。那麼，ℓ 跟 x 軸相交於點 $(x_1, 0)$，跟 y 軸交於點 $(0, y_2)$，且 $x_1 y_2 \neq 0$。這種情形，

我們就說 x_1 為 ℓ 在 x 軸上的截距，y_2 為 ℓ 在 y 軸上的截距。

　　方程式(9)代表一條直線，因為它是一次方程式。這直線在 x 軸上的截距，就是(9)與

$$y = 0 \text{（即 } x \text{ 軸）}$$

之聯立解之 x 坐標，因此答案是 $x = h$ $(y = 0)$。同理，直線在 y 軸上之截距，只須取(9)與

$$x = 0 \text{（即 } y \text{ 軸）}$$

的聯立解就好了：答案是 $y = k$ $(x = 0)$。

　　所以我們知道了截距式的幾何意義：用(9)式來代表之直線，其截距分別為 h 及 k。

　　是否也成立？即一條直線，若截距為 h、k 時，其方程式是否必呈(9)式之形？答案當然是肯定的。

習　題

1. 過 $(x_1,\ y_1)$ 及 $(x_2,\ y_2)$ 的直線 ℓ，何時與 x 軸平行？何時與 y 軸平行？

2. 試求過點 $(3,\ 5)$, $(1,\ -2)$ 的直線方程式。

3. 試求一直線之方程式，使其截距為 $3, -5$。

4–2　參數式

我們回憶一下集合的表示法。

假設固定了一些人，例如金華國中三年一班（民 74–75 年度）C；我們可以討論：

$$A = \{ g \text{ 所喜歡的電視節目：} g \in C \}$$

$$B = \{ g \text{ 的外祖母，} 14 \text{ 歲時最愛吃的點心：} g \in C \}$$

等等。

註：當然有一些小問題，不值得討論，在 A 我們應該講清楚那一段日子，或者乾脆指明那一週。在 B，必須假定這些外祖母不是在 14 歲之前生下 g 的母親後就死了。

注意：C 班中可以有（我們假定有！）姨表姐妹，$g_1 \neq g_2$，$g_1, g_2 \in C$ 而 g_1 與 g_2 有同一個外祖母。

在這裡，記號 g 是個（參變數）參數，或叫助變數，它本身有變化的範圍即 C，而我們借助於它來定義集合 A, B。

數學裡常常出現補助變數；解析幾何裡「參數法」就是一個例子。

拿兩點 $A_0 = (x_0, y_0) \neq (x_1, y_1) = A_1$，考慮 $A_0 A_1$ 直線 ℓ 上的點 p，假設其「直線坐標」為 t，則它的平面坐標為

$$\begin{cases} x = x_0 + t(x_1 - x_0) \\ y = y_0 + t(y_1 - y_0) \end{cases} \tag{1}$$

那麼，不用慣用的簡速法時，我們可以把 ℓ 說成

$$\{(x, y)：\text{(1)式成立，對實數 } t\} \tag{2}$$

我們把「對實數 t」，簡寫成 $t \in \mathbb{R}$ $\tag{3}$

那麼採納慣用法於(2)或(3)中，就得到直線的參數表示法：

直線 ℓ：

$$\begin{cases} x = x_0 + \alpha t \\ y = y_0 + \beta t \end{cases} \quad (t \in \mathbb{R}) \tag{4}$$

這裡 $\alpha = x_2 - x_1$，$\beta = y_2 - y_1$ 不同時為 0。

切記：(4)式就是

$$\text{直線 } \ell = \{(x, y) : x = x_0 + \alpha t,\ y = y_0 + \beta t\}$$

例題 1 過 $(3, 4)$ 與 $(2, -9)$ 兩點的直線

兩點式是

$$\frac{x-3}{2-3} = \frac{y-4}{-9-4}$$

亦即　　$13(x - 3) = y - 4$

或　　　$y - 13x + 35 = 0$

改用參數法，就得到

$$\begin{cases} x = 3 + t(2-3) = 3 - t \\ y = 4 + t(-9-4) = 4 - 13t \end{cases} (t \in \mathbb{R})$$

註：若調換兩點的順序，則直線之方程式為

$$\frac{x-2}{3-2} = \frac{y+9}{4+9}$$

即是　　　　$x - 2 = \dfrac{(y+9)}{13}$

$$13x - 26 = y + 9$$

$$y - 13x + 35 = 0$$

答案仍然相同。

改用參數法呢？

$$x - 2 = t(3 - 2) = t$$
$$y + 9 = t(4 + 9) = 13t \quad (t \in \mathbb{R})$$

跟例題 1 之答案不同！

到底那一個才對？原來兩個都對！

對於兩相異點 $P_1(x_1, y_1)$, $P_2(x_2, y_2)$，作連線 ℓ，在參數表示中，t 有幾何解釋。

$$\begin{cases} x = x_1 + t(x_2 - x_1) \\ y = y_1 + t(y_2 - y_1) \end{cases} (t \in \mathbb{R}) \tag{5}$$

若對調 P_2, P_1，參數表示中的「參數」如果仍用 t，其意義就和(5)中的 t 不同了。為了便於比較，我們改用 s，那麼 ℓ 的另一個參數表示就是：

$$\begin{aligned} x &= x_2 + s(x_1 - x_2) \\ y &= y_2 + s(y_1 - y_2) \end{aligned} \quad (s \in \mathbb{R}) \tag{6}$$

那麼，(5)與(6)形式上雖然不同，實際上卻一樣，只要令 $s = 1 - t$ （$t = 1 - s$，亦即 $s + t = 1$）就好了！

其實，這只要考慮幾何意義就清楚了，在直線 ℓ 上，如圖

就有了兩個坐標系，一個是 (t) 系，一個是 (s) 系；(t) 系 P_1 為原點，$\overline{P_1 P_2}$ 的長為單位長，P_2 這邊是正方向；(s) 系呢？是以 P_2 為原點，$\overline{P_2 P_1}$ 的長為單位長，P_1 這邊是正方向。因此

$$\overline{P_1 P} = t \overline{P_1 P_2} \tag{7}$$

$$\overline{P_2 P} = s \overline{P_2 P_1} \tag{8}$$

而且(7)、(8)式中的線段應該解釋成有向的，那麼下一個式子變號就成

為
$$\overline{PP_2} = s\overline{P_1P_2} \tag{9}$$

跟(13)式相加可得
$$\overline{P_1P} + \overline{PP_2} = \overline{P_1P_2} = (s+t)\overline{P_1P_2}$$

即
$$s + t = 1 \tag{10}$$

（和上面的結論相同！）

4-3 斜率的意義

定理 1　直線 $ax + by + c = 0$ 之斜率為 $-a/b$。 (1)

斜率就是 $\Delta y / \Delta x$，其中 $\Delta x = x_2 - x_1$，$\Delta y = y_2 - y_1$，而 (x_1, y_1) 及 (x_2, y_2) 是此直線上任意兩點，那麼就有
$$ax_1 + by_1 + c = 0$$
$$ax_2 + by_2 + c = 0$$

兩式相減得
$$a(x_2 - x_1) + b(y_2 - y_1) = 0$$

或者簡寫成
$$a\Delta x + b\Delta y = 0$$

即
$$\Delta y / \Delta x = -a/b = m$$

是直線的斜率。

習慣上把 $\Delta x : \Delta y$ 叫做方向比，因此，方向比與斜率互為倒數，都可以用來決定方向。大家最好不把「比」解釋成為「商」；那麼「比」$\Delta x : \Delta y$ 中的兩項，地位相同，（因而 $\Delta y = 0$ 也被允許！）如此，斜率的好處是單用一數就代表了方向，而方向比的好處是：將來討論

立體幾何或更高維幾何時，很容易推算，成為 $\Delta x : \Delta y : \Delta z \cdots\cdots$。

例題 1 直線 $5x - 8y + 9 = 0$ 之斜率為何？

答 5 / 8

問題 1 求下列直線之斜率

(1) $3x + 4y = 5$ (2) $3x + 4y = -9$ (3) $8x + 5y = 11$

現在問：已經知道一點及一個方向比。那麼經過這點且有這個方向比的直線方程式，該怎麼求？

今設此點為 $\qquad P_0 = (x_0,\ y_0)$

想像畫出了這直線 Γ，在 Γ 上另取一點 $(x_1,\ y_1)$，

則得出直線的方程式為

$$\frac{y_1 - y_0}{x_1 - x_0} = \frac{y - y_0}{x - x_0} \tag{2}$$

這是 4–1 中的兩點式。可是，根據斜率公式，左端為斜率 m，

因此又得到

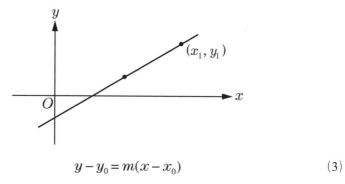

$$y - y_0 = m(x - x_0) \tag{3}$$

這叫做點斜式。

若知道直線在 y 軸上的截距 k，及斜率 m，則可令

$$x_0 = 0, \ y_0 = k$$

於是有

$$y = mx + k \tag{4}$$

這是直線之斜截式。

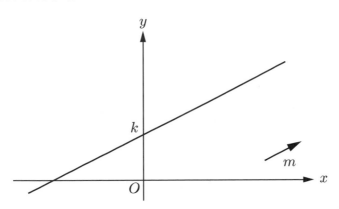

公式(4)必須假定 $m \neq \infty$，否則沒有意義。在公式(3)中「$m = \infty$」表示「非 $x - x_0 \equiv 0$ 不可」，即直線方程式為 $x = x_0$。

問題 2 求直線 Γ 之方程式

　　(1) Γ 過點 $(1, 3)$ 斜率為 $(-4 / 3)$

　　(2) Γ 過點 $(1, 3)$ 斜率為 -7

　　(3) Γ 之斜率為 -7，在 y 軸上截距為 4

問題 3 $y = 5x - 16$ 之斜率為何？在 y 軸上之截距為何？

斜率的符號

　　我們再來考究斜率的幾何意義，如圖，設直線 Γ 不與 x 軸相平行：而交 x 軸於一點 B，再設 Γ 也不與 y 軸平行，（不與 x 軸垂直）所以，在 Γ 之上，B 的右側，任取一點 $P=(x, y)$，則 $\Delta x = x - x_0 > 0$。

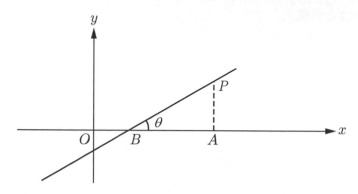

　　其中 x_0 為 B 之橫坐標（即 Γ 之 x 軸截距），而 $\Delta y = y$ 可正，可負；如果是正的，Γ 就是較為「東北——西南」走向，是負的，則 Γ 就是「西北——東南」走向。

　　自點 P 做垂線到 x 軸，垂足為 $A=(x, 0)$。於是，當斜率 $m>0$ 時，$\overline{AP}/\overline{BA}=m>0$。

　　在初中的數值三角學中，我們已學到：這個比值就是 $\tan\angle ABP$，所以：「一直線 Γ 之斜率 m 就是其傾角之正切」。

　　問題在於斜率 $m<0$ 時該怎麼辦？

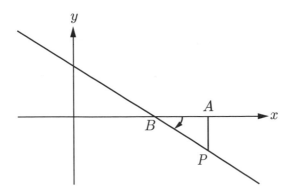

此時，如圖，若 P 在 Γ 上，且在截點 $B = (x_0,\ 0)$ 之右，則 $P = (x,\ y)$ 之橫坐標 $x > x_0$，但縱坐標 $y < 0$，斜率 $m = \dfrac{\Delta y}{\Delta x} = \dfrac{y - 0}{x - x_0} < 0$，圖中 $\overline{BA} = x - x_0 > 0$，但 $\overline{PA}$ 之長度為 $|y| = -y$。

我們有一個好辦法來解決這些問題：

我們定義傾角為 $\angle ABP$，有正有負，角的始邊為半線 BA，終邊為半線 BP，轉動方向如果逆時針，就得正的角，否則為負的角；如此，當直線 Γ 與 x 軸不平行且不垂直時，其傾角 θ 可能在 $0°$ 到 $90°$ 之間，也可能在 $-90°$ 到 $0°$ 之間（不包含端值）。

公式：

$$m = \tan\,傾角 = \overline{AP} / \overline{BA}$$

仍然成立，只要規定：$\overline{AP}$ 向上為正向下為負，$\overline{BA}$ 向右為正向左為負。

若 $\theta \in (0°,\ 90°)$ 即 $0° < \theta < 90°$ 時，$\tan\theta > 0$，另外在 $\theta \in (-90°,\ 0°)$ 時 $\tan\theta < 0$，並且：

$$\tan(-\theta) = -\tan\theta$$

如果直線 Γ 平行於 x 軸，我們說它的傾角為 $0° = 0$，斜率為 $\tan 0 = 0$；

若 Γ 與 x 軸垂直，則傾角為 $+90°$ 或 $-90°$，而斜率為 $\tan 90°$ 及 $\tan(-90°)$ 都定義為（符號）∞。

例題 2 求通過 $(-5, 5)$ 與 $(7, -7)$ 之直線的斜率與傾斜角。

解 $m = \tan\theta = \dfrac{5-(-7)}{-5-7} = \dfrac{12}{-12} = -1$

$\tan 45° = 1$，故 $\theta = -45°$

問題 4 求通過下列各點直線之斜率與傾斜角。

（必要時查三角函數表）

(1) $(6, 7)$, $(3, 2)$ (2) $(-3, 2)$, $(2, -3)$

(3) $(5, -7)$, $(8, 2)$ (4) $(0, 4)$, $(-5, 0)$

我們知道，在平面幾何中，若兩直線互相平行，則其同位角相等，反之若同位角相等，則兩直線互相平行。我們就要利用這個結果來證明下面的定理（雖然這是我們早已知道的）。

定理 2 兩直線互相平行 $\Leftrightarrow$ 它們的斜率相等

證明 $\Rightarrow$)：設 ℓ_1 與 ℓ_2 互相平行（見圖），

則 $\alpha = \beta$，故 $\tan\alpha = \tan\beta$，即它們的斜率相等。

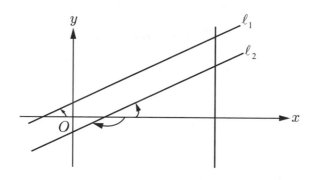

$\Leftarrow$）：設 ℓ_1 與 ℓ_2 的斜率相等，即 $\tan \alpha = \tan \beta$，故 $\alpha = \beta$，因此 ℓ_1 與 ℓ_2 互相平行。

以上是利用了 tan。假設不懂 tan，就如此來證明：

取一直線 CA_1A_2，與 x 軸平行，交 ℓ_i 於點 A_i；再取直線 CB_1B_2 與 y 軸平行，交 ℓ_i 於 B_i，得兩個直角三角形 $\triangle A_iB_iC$，平行性就等於 $\triangle A_1B_1C \sim \triangle A_2B_2C$，所以平行的重要條件是：

$$\frac{\overline{CB_1}}{\overline{A_1C}} = \frac{\overline{CB_2}}{\overline{A_2C}}$$

這裡　$\overline{CB_i}$ 規定向上為正，

　　　　$\overline{A_iC}$ 規定向右為正，

故　　　$\ell_1 /\!/ \ell_2 \Leftrightarrow m_1 = m_2$，

但 m_i 為 ℓ_i 之斜率 $\dfrac{\overline{CB_i}}{\overline{A_iC}}$。

註：你用心想，會發現這裡有一個漏洞！

兩線之一可以平行於 x 軸或 y 軸，則 $\triangle A_iB_iC$ 就做不成了！

若 ℓ_1 平行於 x 軸（或 y 軸）則 $m_1 = 0$〔或 ∞〕。此時，「$\ell_1 /\!/ \ell_2$」即為 ℓ_2 平行於 x 軸（或 y 軸），即 $m_2 = 0$〔或 ∞〕，亦即 $m_2 = m_1$。

例題 3 試證下列四點可連成平行四邊形：

$A(-4, -2), B(2, 0), C(8, 6), D(2, 4)$

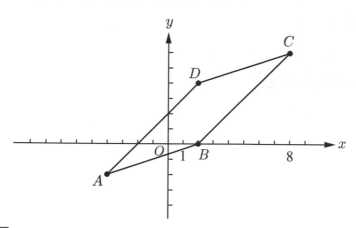

證明 過 A, B 之直線的斜率為

$$m_1 = \frac{-2-0}{-4-2} = \frac{-2}{-6} = \frac{1}{3}$$

過 C, D 之直線的斜率為

$$m_2 = \frac{6-4}{8-2} = \frac{2}{6} = \frac{1}{3}$$

故　$m_1 = m_2$，$\therefore \overline{AB} /\!/ \overline{CD}$；

同理可證 $\overline{AD} /\!/ \overline{BC}$，故 $ABCD$ 構成一平行四邊形。

問題 5 求直線 Γ，它經過點 $(2, 4)$ 而且跟直線

$\Gamma_1 : \dfrac{x-3}{6} = \dfrac{y-2}{4}$ 平行。

　　垂直的概念在平面幾何中也很重要，下面的結果告訴我們，何時
兩直線會互相垂直。

定理 3　兩直線互相垂直 ⇔ 它們的斜率乘積為 −1。

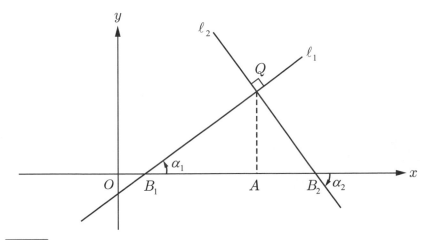

證明　設 ℓ_1 與 ℓ_2 的斜率分別為 m_1, m_2（見圖）。各交 x 軸於
$B_1 = (x_1, 0)$ 及 $B_2 = (x_2, 0)$，又 ℓ_1 與 ℓ_2 之交點為 $Q = (x_3, y_3)$，
故自 Q 作垂線到 x 軸，垂足為 $A = (x_3, 0)$。

於是 $\tan \alpha_1 = m_1 = \overline{AQ} / \overline{B_1A}$，$m_2 = \tan \alpha_2 = \overline{AQ} / \overline{B_2A}$，這裡
$\overline{AQ}$，以自 A 到 Q 向上則為正，否則為負，而 $\overline{B_1A}$ 及 $\overline{B_2A}$ 以
向右為正，向左為負。

若 ℓ_1, ℓ_2 相垂直，則傾角 α_1, α_2 中，一正一負。（絕對值均在
($0°$, $90°$) 內）則只論邊長絕對值，則

$$\frac{\overline{AQ}}{\overline{B_1A}} = \frac{\overline{B_2A}}{\overline{AQ}}$$

此乃因 $\triangle B_1AQ \sim \triangle QAB_2$ 也！

所以 $m_1 m_2 = -1$，反之，若 $m_1 m_2 = -1$，則以絕對值而言

$$\frac{\overline{AQ}}{\overline{B_1 A}} = \frac{\overline{B_2 A}}{\overline{AQ}}$$

因而 $\angle B_1 Q B_2$ 為直角，即 $\ell_1 \perp \ell_2$。

注意：我們漏掉了「ℓ_1 與 ℓ_2 之中有平行於 x 軸或 y 軸」的情形。此時，我們已經定義斜率為 0 或 ∞，所以我們只要把 $m_1 m_2 = -1$ 擴大解釋為：「m_1, m_2 其一為 0，其一為 ∞，也可以」。這就夠了。

例題 4　以 $A(3, 4)$, $B(-2, -1)$, $C(4, 1)$ 為頂點，求作三角形 ABC。並試證 $\triangle ABC$ 為一直角三角形。

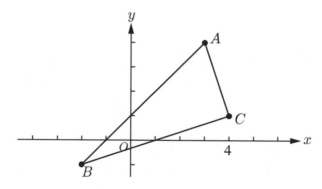

證明　今設 m_1, m_2, m_3 分別為 $\overline{BC}$, $\overline{CA}$, $\overline{AB}$ 之斜率，則我們有

$$m_1 = \frac{-1 - 1}{-2 - 4} = \frac{-2}{-6} = \frac{1}{3}$$

$$m_2 = \frac{1 - 4}{4 - 3} = \frac{-3}{1} = -3$$

$$m_3 = \frac{4 - (-1)}{3 - (-2)} = \frac{5}{5} = 1$$

因 $m_1 \cdot m_2 = -1$，故 $\angle C$ 為直角。

問題 6 若一直線垂直於以下各組已知點的直線,試求其斜率及斜角。

⑴ (1, 2), (−1, 3)

⑵ (3, 7), (−2, 7)

問題 7 下列各組三點組成三角形,試求各三角形諸邊的斜率與諸內角,何組能成一直角三角形?

⑴ (−2, 9), (10, −7), (12, −5)

⑵ (2, 1), (3, −2), (−4, −1)

⑶ (0, −1), (3, −4), (2, 1)

⑷ (6, 11), (−4, −9), (11, −4)

問題 8 試證下列各點可連成一矩形:

⑴ (−3, −3), (5, 1)

⑵ (−1, 5), (−3, 0)

4-4 一次不等式的圖解

假設有一個含有 x 及 y 的式子 $f(x, y)$,對於平面上的一點 $P = (x, y)$,以它的 x, y 坐標代入,得到一個數值 $f(x, y)$,或記做 $f(p)$;通常,滿足 $f(p) = 0$ 的點 p 可以連成一條曲線(或幾條曲線)Γ,記成 $\Gamma : f(x, y) = 0$;若 $f(p) > 0$,我們記 $p \in \Gamma_+$,若 $f(p) < 0$,則記 $p \in \Gamma_-$,於是整個平面被分成三部分,Γ,Γ_+ 及 Γ_-,其中 Γ_+ 或 Γ_-,或 Γ,本身可以是空集,或者再分成好幾份。

通常對於一個常數 $c \in \mathbb{R}$,$\Gamma_c : f(x, y) = c$ 也是一條曲線;實際上,上述之 $\Gamma = \Gamma_0$,此地之 Γ_c 只是 $\Gamma_c : g(x, y) = 0$,只要令 $g(x, y) = f(x, y) - c$ 就好了。

我們可以想像 (x, y) 面是個地圖，$f(x, y)$ 是點 (x, y) 處之海拔，那麼，Γ_c 是個「等高線」。

現在舉個具體的例子：

$$f(x, y) = ax + by + c$$

是個（真）一次函數。這時，

$$\Gamma : f(x, y) = 0$$

是一條直線，Γ_+ 及 Γ_- 就是 Γ 所分隔開的兩個「開半平面」。至於

$$\overline{\Gamma_+} = \Gamma_+ \cup \Gamma = \{(x, y) : f(x, y) \geq 0\}$$

及

$$\overline{\Gamma_-} = \Gamma_- \cup \Gamma = \{(x, y) : f(x, y) \leq 0\}$$

叫做<u>閉半平面</u>。我們知道：一切等高線 $\Gamma_k : f(x, y) = k$ 也都是直線，而且都和 Γ 平行！

定理 1 若 $f(x_1, y_1) \cdot f(x_2, y_2) > 0$，則兩點 (x_1, y_1), (x_2, y_2) 在 Γ 之同側。若 $f(x_1, y_1) \cdot f(x_2, y_2)$ 為負，則兩點在 Γ 之異側！

問題 1 若 $c \neq 0$，則上一定理，用到 (x_1, y_1) 及原點 $(0, 0)$ 變成怎麼樣？

定理 2 一次不等式 $ax + by + c > 0$，或 $ax + by + c < 0$ 之解集合為開半平面 Γ_+ 或 Γ_-，以直線 $\Gamma : ax + by + c = 0$ 為界。而（廣義些的）一次不等式 $ax + by + c \geq 0$ 或 $ax + by + c \leq 0$ 之解集合為閉半平面 $\overline{\Gamma_+}$ 或 $\overline{\Gamma_-}$。

注意：在任何情形下，做出 Γ 是最重要的一步！

例題 1 我們要圖解不等式 $x + 2y \leq 4$。

解 我們把它改成 $y \leq 2 - \dfrac{x}{2}$，且先作出直線 $\ell : y = 2 - \dfrac{x}{2}$ 來：

於是，對任意實數 a，點 $(a, 2 - \dfrac{a}{2})$ 將位於直線 ℓ 上。

其次，我們注意到：平面上點 (a, b) 在 $y \leq 2 - \dfrac{x}{2}$ 的圖形上

$\Rightarrow b \leq 2 - \dfrac{a}{2}$。

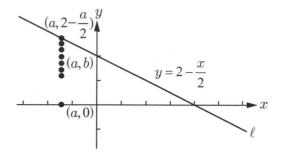

也就是說當點 (a, b) 的縱坐標 b 小於等於點 $(a, 2 - \dfrac{a}{2})$ 的縱坐標

$2 - \dfrac{a}{2}$ 時，點 (a, b) 就在 $y \leq 2 - \dfrac{x}{2}$ 的圖形上；即點 (a, b) 在點

$(a, 2 - \dfrac{a}{2})$ 的下方時，點 (a, b) 就在 $y \leq 2 - \dfrac{x}{2}$ 的圖形上，反之亦然。

因此不等式 $y \leq 2 - \dfrac{x}{2}$ 的圖解就是下圖陰影之半平面（包括 ℓ）：

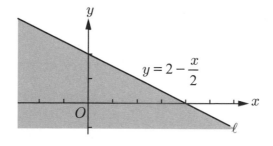

例題 2 作 $y \le x+2$ 的圖形。

解 我們先作出直線 $y = x+2$，其次取原點 $(0, 0)$ 代入不等式中，發現不等式成立，故 $(0, 0)$ 點是 $y \le x+2$ 的圖形上的一點。因此 $y \le x+2$ 的圖形是下圖陰影之半平面（包括直線 ℓ）。

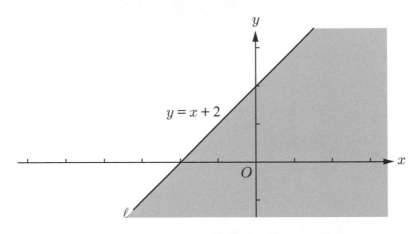

注意： 如果不等式改成 $y < x+2$，則其圖形為上圖陰影的半平面，但不包括直線 ℓ。

問題 2 圖解下列不等式：

(1) $2x + y < 5$　　　　　(2) $2x - 3y < -5$

(3) $2x + 5y \ge 5$　　　　　(4) $y \le x+5$

 4–5　聯立的意義

回想到我們的規約是:

$$\Gamma : f(x,\,y) = 0$$

表示 Γ 為點集合 $\{(x,\,y) : f(x,\,y) = 0\}$ 即是「滿足了 $f(x,\,y) = 0$ 的點 $(x,\,y)$ 的全體」,〔不等式的情形也如此〕所以, 當我們運用「且」及「或」字的時候, 就會跑出點集合的「交集」及「聯集」了:

設 $\begin{cases} \Gamma_1 : f_1(x,\,y) = 0 \\ \Gamma_2 : f_2(x,\,y) = 0 \\ \Gamma_3 : f_1(x,\,y) = 0 \text{ 且 } f_2(x,\,y) = 0 \\ \Gamma_4 : f_1(x,\,y) = 0 \text{ 或 } f_2(x,\,y) = 0 \end{cases}$

則 $\Gamma_3 = \Gamma_1 \cap \Gamma_2$, $\Gamma_4 = \Gamma_1 \cup \Gamma_2$。

當然也可以改為不等式!

聯集的情形, 最常出現在這種情形:

$$\Gamma : f(x,\,y) = 0$$

可以改成

$$\Gamma : f(x,\,y) = f_1(x,\,y) \cdot f_2(x,\,y) = 0$$

此時因為

$$f(x,\,y) = 0$$

表示:

$$f_1(x,\,y) = 0 \text{ 或 } f_2(x,\,y) = 0$$

故知

$$\Gamma = \Gamma_1 \cup \Gamma_2$$

其中

$$\Gamma_i : f_i(x,\, y) = 0,\ i = 1\ \text{或}\ 2$$

例題 1　$x^2 y^2 + 4x^2 y - 8xy^2 - 12x^2 + 7y^2 - 32xy + 96x + 28y - 84 = 0$

解　因式分解成

$$(x^2 - 8x + 7)(y^2 + 4y - 12)$$

$$= (x - 7)(x - 1)(y + 6)(y - 2)$$

$$= 0$$

這是四條直線的聯集！

（見 3–2 例題 2）

交集的情形最常出現在聯立方程式（或不等式）中：

$$\Gamma : \begin{cases} f_1(x,\, y) = 0 \\ f_2(x,\, y) = 0 \end{cases}$$

就表示 $\Gamma = \Gamma_1 \cap \Gamma_2$，其中

$$\Gamma_i : f_i(x,\, y) = 0 \quad (i = 1,\, 2)$$

為什麼？因為，Γ 是滿足了 $f_1(x,\, y) = 0$，且又 $f_2(x,\, y) = 0$ 的點 $(x,\, y)$ 之全體，Γ 上的點必在 Γ_i 上，即是，在 Γ_1 上，也在 Γ_2 上，反過來說，$\Gamma_1 \cap \Gamma_2$ 的點，滿足了 $f_1(x,\, y) = 0$，（因為它在 Γ_1 上）也滿足了 f_2 $(x,\, y) = 0$，（因它在 Γ_2 上）它就合於在 Γ 上的資格！

例題 2　解聯立方程式

$$\begin{cases} x + 2y = 7 \\ 2x - y = 4 \end{cases}$$

解 現在考慮在同一坐標中兩個方程式的繪圖：

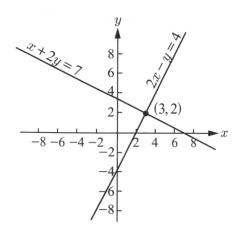

注意：

這兩條直線交於點 $(3, 2)$，讓我們以這個值來驗算這兩個方程式：

$x + 2y = 7,$	$2x - y = 4,$
$3 + 2(2) = 7,$	$2(3) - 2 = 4,$
$3 + 4 = 7,$	$6 - 2 = 4,$
$7 = 7 \quad$ 真確。	$4 = 4 \quad$ 真確。

由這個圖形可以看出這僅有的公共點為 $(3, 2)$，故原方程組有一解，且只有一解，即 $x = 3$, $y = 2$ 或即 $(x, y) = (3, 2)$。

問題 1 試以圖形解聯立方程式：

(1) $\begin{cases} x - y + 2 = 0 \\ 2x + y = -1 \end{cases}$

(2) $\begin{cases} x + 2y = -1 \\ 2x + 3y = 2 \end{cases}$

（將這圖形繪得正確是一件比較困難的事，因此在繪圖時當小心些。）

　　我們知道：兩條直線 L_1, L_2 的關係必是下述三者之一：重合，平行，相交（於一點），這是交點無限多，交點零個，與交點一個的情形；因此，若 L_1, L_2 分別是一次方程式

$$f_1(x, y) = 0$$
$$f_2(x, y) = 0$$

之圖形，則聯立方程式

$$\begin{cases} f_1(x, y) = 0 \\ f_2(x, y) = 0 \end{cases}$$

可能有無窮多組解，或無解，或者恰好有一解，就對應到這三種情形分別叫做相依，矛盾，正常的聯立方程式。

填空

⑴若兩方程式為相依方程式，則兩條線 _____（重合、平行或相交）。

⑵若兩方程式為正常方程式，則兩條線 _____（重合、平行或相交）。

⑶若兩方程式為矛盾方程式，則兩條線 _____（重合、平行或相交）。

定理　直線 L_1 與 L_2：

$$L_i : a_i x + b_i y + c_i = 0, \quad (i = 1, 2)$$

在 $\begin{vmatrix} a_1, & b_1 \\ a_2, & b_2 \end{vmatrix} = a_1 b_2 - b_1 a_2 \neq 0$ 時，恰有一交點，

在 $\begin{vmatrix} a_1, & b_1 \\ a_2, & b_2 \end{vmatrix} = 0$ 時，或者平行而不相交或者重合（也是平行的一種），

依 $a_1 : b_1 : c_1 \neq a_2 : b_2 : c_2$ 或者 $a_1 : b_1 : c_1 = a_2 : b_2 : c_2$ 而定。

1.求過三直線 $x + 2y = 5$, $2x - y = 5$, $2x + y + 5 = 0$ 之交點的圓的面。

4-6 點線距

學過了兩點距離公式之後，現在問一個問題：

直線 $\Gamma : ax + by + c = 0$ 與點 $P_1 = (x_1, y_1)$ 之距離為何？

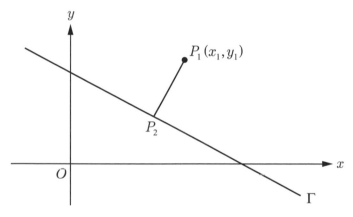

如圖自 P_1 作垂線 $\overline{P_1 P_2}$ 到 Γ，垂足為 $P_2 = (x_2, y_2)$ 則 $\overline{P_1 P_2}$ 之距離，就定義為 P_1 到 Γ 之距離。

現在要計算出 $\Delta x = x_2 - x_1$，$\Delta y = y_2 - y_1$，則此距離 $d(P_1, \Gamma)$ $= \sqrt{(\Delta x)^2 + (\Delta y)^2} = d$，但 $\overline{P_1 P_2}$ 與 Γ 垂直，故斜率之積為

$$\frac{\Delta y}{\Delta x} \cdot \frac{-a}{b} = -1 \tag{1}$$

並且 P_2 在 Γ 上，即是

$$ax_2 + by_2 + c = 0 \qquad\qquad (2)$$

和
$$ax_1 + by_1 + c = f(P_1) \qquad\qquad (3)$$

相比較，則得(2) − (3)式：

$$a\Delta x + b\Delta y = -f(P_1) \qquad\qquad (4)$$

今將(1)式改為

$$\Delta y = \Delta x(\frac{b}{a}) \qquad\qquad (5)$$

則
$$d^2 = (\Delta y)^2 + (\Delta x)^2 = (\Delta x)^2(\frac{b^2 + a^2}{a^2})$$

而
$$d = |\Delta x|\frac{\sqrt{a^2 + b^2}}{|a|} \qquad\qquad (6)$$

(4)式，即 $a\Delta x + \dfrac{b^2}{a}\Delta x = -f(P_1)$

故
$$\frac{|f(P_1)|}{\sqrt{a^2 + b^2}} = \frac{\sqrt{a^2 + b^2}}{|a|}|\Delta x| = d$$

∴
$$d = \frac{|ax_1 + by_1 + c|}{\sqrt{a^2 + b^2}} \qquad 此為\underline{點與直線的距離公式}$$

例題 1　求點 $(0, 1)$ 與點 $(-4, -3)$ 至直線 $3x + 2y - 2 = 0$ 之距離。

解　⑴點 $(0, 1)$ 至直線 $3x + 2y - 2 = 0$ 之距離為

$$d = \frac{|3 \times 0 + 2 \times 1 - 2|}{\sqrt{9 + 4}} = \frac{0}{\sqrt{13}} = 0$$

(∵點 $(0, 1)$ 在直線上，故距離為 0)

⑵點 $(-4, -3)$ 至直線 $3x + 2y - 2 = 0$ 之距離為

$$d = \frac{|3 \times (-4) + 2 \times (-3) - 2|}{\sqrt{9 + 4}} = \frac{20}{\sqrt{13}}$$

用 $\sqrt{a^2+b^2}$ 去除一次方程式 $ax+by+c=0$，就得一個新的一次方程式，〔其係數平方和為 1〕；這個步驟叫做規範化；此時，常數項若為正，我們再把整個式子變號，這才是完全的規範化；所得方程式，叫做那直線的法式（法線式），所以法式是：

$$ax+by-p=0$$

而 $a^2+b^2=1$, $-p=c\leq0$ 者，當 P 點之坐標代入法式左端時，即產生該直線至 P 點之距離,這該叫做有號距離: 若 P 點與原點分別在直線之兩邊，則距離為正，若 P 點與原點同在直線之一邊，則距離為負。

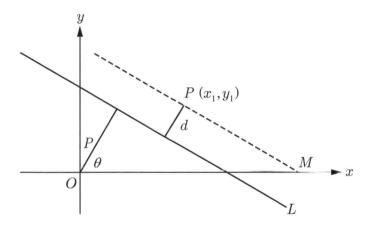

例題2 求自直線 $x - y - 5 = 0$ 至點 $(3, 4)$ 之距離。

解 直線的法線式為 $\dfrac{x}{\sqrt{2}} - \dfrac{y}{\sqrt{2}} - \dfrac{5}{\sqrt{2}} = 0$，距離為：

$$d = \frac{3}{\sqrt{2}} - \frac{4}{\sqrt{2}} - \frac{5}{\sqrt{2}} = -\frac{6}{\sqrt{2}}$$

所求之距離為負，點 $(3, 4)$ 與原點同在直線之一邊。

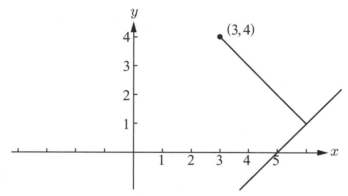

例題3 一動點與直線 $3x - 4y + 1 = 0$ 之距離恆為 2 單位，求此點之軌跡。

解 本題之解答為平行於定線之兩條直線，其與定直線之距離為 2 單位（絕對值），法線式為

$$-\frac{3}{5}x + \frac{4}{5}y - \frac{1}{5} = 0$$

所求之軌跡方程式為

$$-\frac{3}{5}x + \frac{4}{5}y - \frac{1}{5} \pm 2 = 0$$

這兩個方程式，每一個均代表一條直線，可合併為一個方程式：

$$(3x - 4y - 9)(3x - 4y + 11) = 0$$

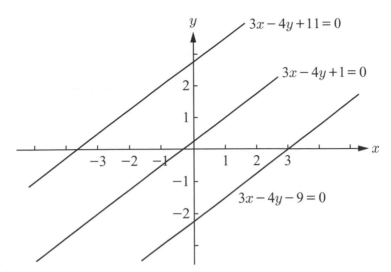

例題 4 求直線 $x+y+2=0$ 與直線 $2x-3y-1=0$ 交角平分線之方
程式。

解 分角為與兩直線等距之軌跡，

定直線之法線式分別為 $\dfrac{x+y+2}{-\sqrt{2}}=0$ 及 $\dfrac{2x-3y-1}{\sqrt{13}}=0$

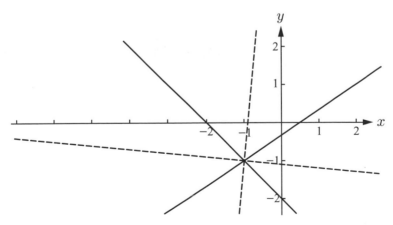

若 $P(X, Y)$ 與兩定直線之距離相等（絕對值），則

$$\frac{X+Y+2}{-\sqrt{2}} = \pm\frac{2X-3Y-1}{\sqrt{13}}$$

此為二分角線之方程式。大寫字母 X 及 Y 乃強調它們為所求軌跡上之點之坐標，小寫字母 x 及 y 乃指定直線上之點之坐標。

問題 1 證明此二分角線互相垂直！

註：分角線的求法，都可以照這個例子！

　　但是，有時必須確定到底擇取兩個分角線之中的那一個。

　　換句話說：若這個角域內部包含了原點 O，則用「ℓ_1 法式 $= \ell_2$ 法式」，否則用「ℓ_1 法式 $= -(\ell_2$ 法式)」。

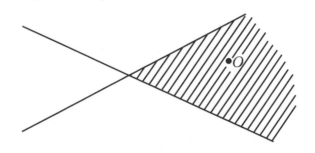

習題

1. 求點 $(5, 3)$ 至 $3x + 2y = 6$ 之距離。

2. 求點 $(-2, -1)$ 至 $2x - y = 4$ 之距離。

3. 求接連兩點 $(-2, -1)$ 與 $(4, 3)$ 之直線至點 $(3, -2)$ 之距離。

4. 求下列兩平行線的距離（垂直距離）：

　(1) $2x - 3y = 5$, $4x - 6y = -7$

　(2) $x = 4$, $x = -7$

　(3) $y = 4x - 7$, $y = 4x + 17$

(4) $y = 17,\ y = -18$

(5) $x = 4 - 5y,\ x = 9 - 5y$

5. 三頂點為 $(1, 2),\ (-2, 0),\ (6, -1)$ 之三角形，試求其三個高的長度。

4-7 線性規劃

1.聯立不等式之圖解

對於聯立不等式的圖解，我們是先對各別的不等式圖解，然後再求它們的交集，就得到了。如果交集為空集，則聯立不等式無解。今舉例說明如下：

例題 1 圖解 $\begin{cases} x + 3y < 6 \\ x - 2y > 4 \end{cases}$

解

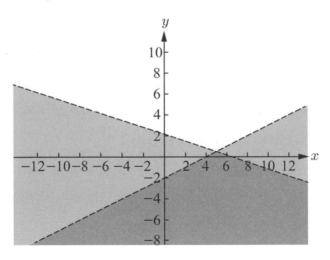

解位於線相交區域之內。換句話說，在線相交區域內的平面坐標上任一點均能滿足上述二個不等式，反之，滿足二者的 (x, y) 必在相交區域內。

例題 2　圖解 $\begin{cases} x+y \le 2 \\ x-y \le 0 \end{cases}$

解　我們先作出直線 $x+y=2$ 與 $x-y=0$，其次確定不等式的圖解在那一半部，最後再求交會部分的圖形，如下圖深陰影部分就是我們所要求的：

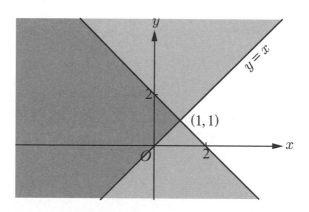

例題 3　假設有一工廠可以生產甲、乙兩種產品，生產一個單位的甲產品須 2 小時，生產一個單位的乙產品須 5 小時。今此工廠每個星期最多只能使用機器 40 小時，試用圖形表示出此工廠每星期所有可能生產的產品組合。

解　設甲產品每星期生產 x 單位，乙產品每星期生產 y 單位，因此共費 $2x+5y$ 小時。今因機器每星期最多只能使用 40 小時，故有

$$2x+5y \le 40 \tag{1}$$

又因產品一定不為負數，故

$$x \ge 0,\ y \ge 0 \tag{2}$$

作出(1)，(2)的圖形，如下圖陰影部分：

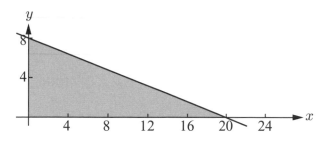

例題 4 試運用圖形繪出下組不等式的解：

$$\begin{cases} x + 2y < 6 \\ 2x + 4y > 19 \end{cases}$$

解 無解。注意下圖，線 $x + 2y < 6$ 與 $2x + 4y > 19$ 互相平行。所以無論你如何延長各線，都無法求得相交之線。

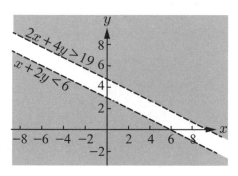

問題 1 試運用圖形繪出下列一組不等式的解：

$$\begin{cases} 3x - 2y < 6 \\ x - 3y > 9 \end{cases}$$

問題 2 試運用圖形繪出下組不等式的解：

$$\begin{cases} y - 2x \geq 8 \\ y - 7x \geq 14 \end{cases}$$

2.規劃問題

考慮這個問題：一農民有田地五甲，根據他的經驗，在他的田地上種水稻，每甲每期產量為 8000 斤，種花生每甲每期產量為 2000 斤，但水稻的成本較高，每甲每期需 16000 元，花生只需 4000 元，且花生每斤可賣 6.5 元，稻米只賣 2.6 元，現在他手頭上只能湊足 48000 元，問這位農民對這兩種作物應各種植若干，方能得到最大的收益？

化成代數問題：設水稻種 x 甲，花生種 y 甲，則由題意知，我們要在

$$\begin{cases} x + y \le 5 \\ 16000x + 4000y \le 48000 \\ x,\ y \ge 0 \end{cases} \qquad (1)$$

的限制條件之下，求 x, y 的值，使得收益取值最大。

$$p = f(x,\ y) = 2.6 \times 8000x + 6.5 \times 2000y$$
$$= 20800x + 13000y \qquad (2)$$

這是很典型的一種「求函數的極值問題」。因為(2)式是兩變數 x, y 的函數，令 D 表滿足(1)式的點 $(x,\ y)$ 之全體，則 D 是函數 p 的定義域，我們可以把 p 看成是一部機器，放進 D 中的點 $(x,\ y)$，則得到產品 $2.6 \times 8000x + 6.5 \times 2000y$；

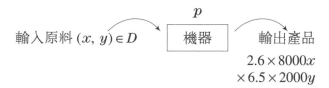

「線性規劃問題」就是要在 D 中找出使產品為最大的那些點。

好了，現在我們可以來圖解，農民種花生和水稻的問題了：

先把 $D:\begin{cases} x+y\le 5 & \text{(1)} \\ 16000x+4000y\le 48000 & \text{(2)} \\ x,\,y\ge 0 & \text{(3)} \end{cases}$

圖解如下：

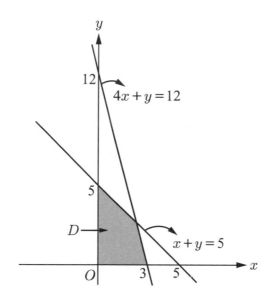

我們的線性規劃問題就是要在 D 中找「使

$$f(x,\,y)=p=2.6\times 8000x+6.5\times 2000y \tag{4}$$

為最大值」的那些點。如何找呢？

有一種不太好的辦法：從 D 中取出幾個點，代入上式中算出 p 的值，然後取使 p 的值較大的那一點，作為該農民種植水稻與花生的對策。這是很粗糙的解法，可能會差很多。為了不打胡塗仗，我們需要精確的解答。

　　現在面臨的難題，是 D 有無窮多點，當然無法試盡所有的點，可是我們必須「海底撈針」，撈出所要的答案。有一個辦法，就是將 D 中不合用的點（即 P 取值較小的點），逐步丟棄，最後剩下少數幾點，就可以甕中捉鱉了。這種逐步化約的精神，時常出現，值得留意。

　　為了研究函數 $f(x, y) = 2.6 \times 8000x + 6.5 \times 2000y$ 在 D 上的變動情形，我們先考慮較簡單的情形：考慮 D 中，由直線：$x = \beta$ 所決定的線段 AB，再觀察 $f(x, y)$ 在其上變動情形：

　　我們將找出 y，使得 $f(\beta, y)$ 最大，（這是個——變數的問題！）這個極大點 y 和 β 有關，最大值也就和 β 有關，應該分別記做 $y(\beta)$ 及 $g(\beta)$，於是我們再問：當 β 變動時，$g(\beta)$ 何時最大？此時，β 為何？（這個問題仍然是——變數的問題！）

　　我們的問題牽涉到二元函數，這是困難的焦點。所以我們先試試化約這個問題，即把兩變數的問題，化成單變數的問題！

　　先固定 x，例如 $x = 1$，那麼 y 能夠怎麼變動呢？這時由(1)及(3)兩式得知 $0 \le y \le 4$，再由(2)式得知 $y \le 8$，兩式合起來得知 y 的變動範圍為 $0 \le y \le 4$。

這在下面圖解中就是線段 AB，其中 $A = (1, 0), B = (1, 4)$：

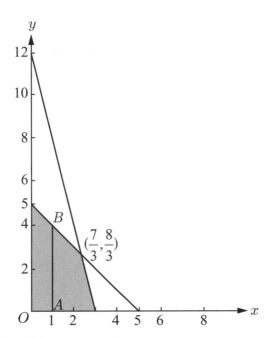

現在我們考慮點 (x, y) 在線 $\overline{AB}$ 上變動時，$f(x, y)$ 的極大值是多少的問題。

為此，先觀察 $f(x, y) = 2.6 \times 8000x + 6.5 \times 2000y$ 函數值的變動情形：(1)因為 x，y 恆為正，所以 $f(x, y)$ 也恆為正值；(2)現在固定 $x = 1$（即在 $x = 1$ 的直線上討論 $f(x, y)$ 的變化），則 $f(x, y)$ 只是單變數 y 的函數，且 $y = 0$ 時，$f(x, y)$ 的值為最小，y 愈大，$f(x, y)$ 之值也愈大；(3)假如 y 暫時固定不變，則 $f(x, y)$ 變為 x 的函數，且當 $x = 0$ 時，$f(x, y)$ 的值為最小，x 愈大則 $f(x, y)$ 之值也愈大。

顯然在上端點 $x = 1$，$y = 4$ 時，f 有最大值 72800。

好，改動 x，把上述的計算再做一遍！由圖解看得出來：在 $0 \le x \le \dfrac{7}{3}$ 時，固定 x，則 y 的範圍在 0 與 $5 - x$ 之間。從而 $f(x, y)$ 在

線段 $A'B' = \{(x, y) : 0 \leq y \leq 5 - x\}$ 上的最大值是

$$2.6 \times 8000x + 6.5 \times 2000(5 - x)$$
$$= 65000 + 7800x \tag{5}$$

這是 f 在線段端點 B' 上的值!

過了 $0 \leq x \leq \dfrac{7}{3}$ 的範圍，即 $\dfrac{7}{3} \leq x \leq 3$ 時，固定 x，則 y 的範圍在 0 與 $12 - 4x$ 之間。

作線段 $A''B'' = \{(x, y) : 0 \leq y \leq 12 - 4x\}$，則 f 在這線段的端點 B'' 上，有最大值

$$2.6 \times 8000x + 6.5 \times 2000(12 - 4x)$$
$$= 156000 - 31200x \tag{6}$$

現在只剩下一個問題：在(5)式中讓 x 在 $0 \leq x \leq \dfrac{7}{3}$ 的範圍變動，在(6)式中讓 x 在 $\dfrac{7}{3} \leq x \leq 3$ 的範圍變動，我們要問當 x 為多少時，才可得最大值? 在(5)(6)兩式中都是 $x = \dfrac{7}{3}$ 時有最大值：因為(5)式中，x 越大越好。但是在(6)式中，x 越小越好! 所以答案是 $x = \dfrac{7}{3}$, $y = \dfrac{8}{3}$ 時，f 有最大值 83200。

在上述做法中，我們看出了兩個端倪：其一，極大值發生在點 $(\dfrac{7}{3}, \dfrac{8}{3})$ 上，這是圖形（集合）D 的端點! 其二，作線段 AB，則函數 f 在 AB 上各點的函數值，也是以在端點的值為最大!

後面這一點可以整理成一個定理：

定理　在平面上任取兩相異點 A, B，作出線段 $\overline{AB}$；如果 f 是一個一次函數，那麼 $f(A), f(B)$ 必是 f 在線段 $\overline{AB}$ 上的極大值或者極小值。

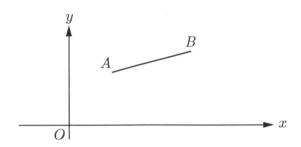

證明　除非 $\overline{AB}$ 平行 y 軸，否則可設 f 為

$$f(x, y) = ax + by + c$$

並將線段 AB 寫成

$$y = \alpha x + \beta,\ x_0 \le x \le x_1$$

其中 x_0, x_1 分別為 A, B 點的橫坐標。所以若限制 $f(x, y)$ 在 $\overline{AB}$ 上變動時，我們可以用 $y = \alpha x + \beta$ 代入 $f(x, y)$ 中，消去 y，而把 $f(x, y)$ 改寫成單變數函數：

$$g(x) = ax + b(\alpha x + \beta) + c$$
$$= (a + b\alpha)x - (b\beta + c)$$
$$x_0 \le x \le x_1$$

這個函數的圖形是平面上的線段，故它的最高點或最低點必定發生在 x_0 或 x_1 點上。換句話說，$f(x, y)$ 的最大值或最小值必發生在端點 A, B 上。

問：若不幸 $\overline{AB}$ 平行 y 軸，怎麼辦？答：改用 $x = \alpha y + \beta$ 就好了！

注意: 在上面的證明中，我們事實上用到了 $f(x, y)$ 為一次函數的條件。例如說，如果把 $f(x, y)$ 改成 $ax^2 + by^2$，則上面的證明就不通了。

3. 線性規劃問題的求解

回到原來的問題，並利用上面的定理，我們就可以來做化約工作了：

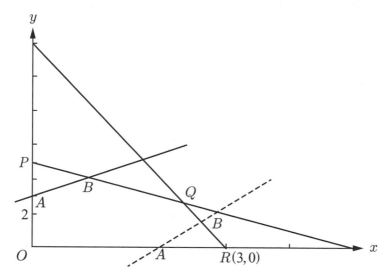

在上圖中，任畫一條直線跟 D 相交，得到線段 $\overline{AB}$，根據上定理，在 $\overline{AB}$ 上 $f(x, y)$ 的最大點只可能是 A 點或 B 點。

進一步考慮 $f(x, y)$ 在 $\overline{PQ}$ 及 $\overline{PO}$ 上變動的情形，又根據上定理知道，欲求 $f(x, y)$ 的最大點，只要考慮端點 P, Q, O 就好。按此要領，最後我們總是可以化約成：欲求 $f(x, y)$ 在 D 上的最大點，只要考慮 $O,$ P, Q, R 四個頂點就好了。這四個頂點就是我們的「甕中捉鱉」。

今求出 O, P, Q, R 四點的坐標如下：

$$(0, 0), (0, 5), (\frac{7}{3}, \frac{8}{3}), (3, 0);$$

以這四點的坐標代入 $f(x, y) = 2.6 \times 8000x + 6.5 \times 2000y$ 中得到

$$f(0, 0) = 0, f(0, 5) = 65000$$

$$f(\frac{7}{3}, \frac{8}{3}) = 83200, f(3, 0) = 62400$$

這就解決了我們在本節開頭所提出的問題，答案是：這個農民最好的策略是種 $\frac{7}{3}$ 甲的水稻，種 $\frac{8}{3}$ 甲的花生，如此可得最大收益 83200 元。

例題 5 某工廠用兩種不同的原料均可生產同一產品。若採用甲種原料，每噸成本 1000 元，運費 500 元，可得產品 90 公斤；若採用乙種原料，每噸成本 1500 元，運費 400 元，可得產品 100 公斤。今工廠每日預算為：成本總共不得超過 6000 元，運費不得超過 2000 元，問此工廠每日最多可生產多少公斤？

解 對於上述線性規劃問題，必須先建立不等式（作定式化工作），然後再求最大值或最小值。本題的題意，就是求最大值。

設 x 表甲種原料所用的噸數，則可得產品 $90x$ 公斤；y 表乙種原料所用的噸數，則可得產品 $100y$ 公斤。而總共所費的成本是 $1000x + 1500y$，總共所費的運費是 $500x + 400y$。根據題意，就是要在

$$D : \begin{cases} 1000x + 1500y \leq 6000 \\ 500x + 400y \leq 2000 \\ x \geq 0 \\ y \geq 0 \end{cases}$$

的條件下，求 $f(x, y) = 90x + 100y$ 的最大值。

其次我們來把 D 圖解出來:

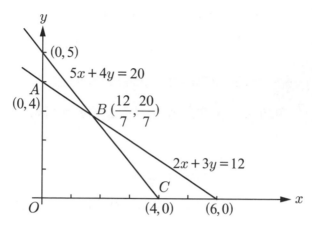

我們求得四個頂點 O, A, B, C 的坐標如下:

$$(0, 0), (0, 4), (\frac{12}{7}, \frac{20}{7}), (4, 0)$$

代入 $f(x, y)$ 中求得

$$f(0, 0) = 0, f(0, 4) = 400$$

$$f(\frac{12}{7}, \frac{20}{7}) = 440, f(4, 0) = 360$$

答案是: 使用甲種原料 $\frac{12}{7}$ 噸, 乙種原料 $\frac{20}{7}$ 噸時, 每日可得到最大

產量 440 公斤。

例題 6 假設 x, y 滿足

$$D : \begin{cases} 2 \le x \le 5 \\ x + y \le 8 \\ x + 3y \ge 5 \end{cases}$$

試求在 D 上 $f(x, y) = 2x + y + 3$ 的最大值。

解 先作出 D 的圖形：

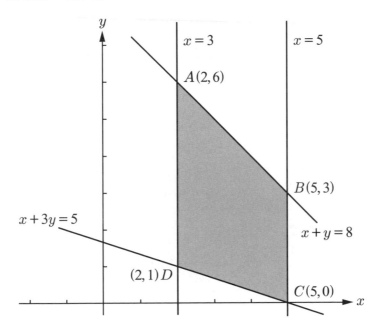

其次找出四個頂點 A, B, C, D 的坐標為

$$(2, 6), (5, 3), (5, 0), (2, 1)$$

代入 $f(x, y)$ 中得

$$f(2, 6) = 13, f(5, 3) = 16$$

$$f(5, 0) = 13, f(2, 1) = 8$$

答案是：當 $x = 5$, $y = 3$ 時，$f(x, y)$ 有最大值 16。

1. 圖解下列各聯立不等式:

(1) $\begin{cases} x - y \le 2 \\ 2x - y \le 3 \\ x - 4 \le 5 \end{cases}$ 　　(2) $\begin{cases} x - y - 2 \le 0 \\ x + 2y - 8 \ge 0 \end{cases}$

(3) $\begin{cases} x - y - 2 \le 0 \\ x + 2y - 8 \ge 0 \\ y \le 4 \end{cases}$ 　　(4) $\begin{cases} 3x + 2y \le 8 \\ x + 4y \le 5 \end{cases}$

2. 在 $\begin{cases} 3x + 5y \le 15 \\ 5x + 2y \le 10 \\ x \ge 0 \\ y \ge 0 \end{cases}$ 的條件下，求 $z = 5x + 3y$ 的極大值。

3. 在 $\begin{cases} -x + 3y \le 9 \\ 3x + 2y \ge 6 \\ 5x - 2y \le 20 \\ x,\ y \ge 0 \end{cases}$ 的條件下求 $z = 3x + 4y$ 的極大值和極小值。

4. 設某公司欲購兩種機器來生產某產品，第一種機器每臺要美金 3 萬元及新臺幣 50 萬元的維護費；第二種機器每臺要美金 5 萬元及新臺幣 20 萬元的維護費。而第一種機器的純利潤每年每臺有 9 萬元，第二種是 6 萬元，但是政府核准的外匯是美金 135 萬元並且總維護費不超過 1800 萬元。問應該買幾臺第一種機器，買幾臺第二種機器，才能獲得最大利潤？

4-8　直線系

1. 我們認為「曲線」是個「點集合」，一族曲線就是個「「集合」的「集合」」；這個「集合」的每個元素本身是個「集合」。通常用「系」來代替「集合」，比較方便！

例：有一圓 Γ，它有許多半徑 OP，O 是圓心，P 是圓上動點；我們用 $\overline{OP}$ 表示半徑，即是線段 OP，（即是 {自 O 到 P 線段上所有的點}）而用這些半徑作元素，得到一個集合 a；它不是這些半徑的聯集，聯集乃是閉圓盤，（圓及圓內的點之全體）其元素為點，而 a 的元素是線段，不一樣！

例題 1　{平行於 y 軸的任意直線} 這是個直線系，

我們可以表現之為：

$$\{x = k : k \in \mathbb{R}\} \tag{1}$$

其實，此式中的「$x = k$」本來是 $\{(x, y) : x = k\}$，依照我們的規約而簡化成「$x = k$」。

有時，我們再把(1)式簡寫成：「直線系 $x = k$」，這裡參數為 k（別無選擇！）此種直線系為單參數系。

例題 2　「直線系 $y = mx$」。這是 {所有過原點的直線}；

此參數為 m；$y = mx$ 是通過原點，斜率為 m 的直線；

所以這系是個單參數系。

註：y 軸本身是否為這系的一元？若你允許 $m = \infty$，那就可以，否則，
$\{y = mx : m \in \mathbb{R}\}$，乃是 {過原點的直線，$y$ 軸除外}！

例題 3　「直線系 $y = m^2 x + 7$」。

　　　這是「過點 $(0, 7)$ 的直線，斜率 > 0 者」的全體！

注意：$m = 5$ 和 $m = -5$，代表同一個直線 $y = 25x + 7$。

例題 4　系 $x - 2y + b = 0$ 之每一直線，均平行於直線 $x - 2y - 3 = 0$；
　　　　　直線系 $y - 2 = m(x + 5)$ 中之各直線均通過點 $(-5, 2)$；
　　　　　$\lambda x + \mu y - 5 = 0$ 之直線系包括與中心為原點，半徑為 5 之圓周
　　　　　相切的所有直線，因為它之每一份子距原點均為 5 個單位。

　2.最最重要的直線系，乃是：過兩直線交點的直線系。

設有二直線，其方程式為

$$L_1 \equiv a_1 x + b_1 y + c_1 = 0$$

及　　　　　　　　　　$$L_2 \equiv a_2 x + b_2 y + c_2 = 0$$

設其交點為

$$P_0 = (x_0, y_0)$$

我們可以先求出此點，則所要的直線系就是

$$y - y_0 = m(x - x_0)$$

以 m 為參數〔m 可取一切實數，以及 ∞〕

但是我們現在採用這個想法：

令 k 為任一常數，則方程式：

$$L_1 + kL_2$$
$$\equiv (a_1x + b_1y + c_1) + k(a_2x + b_2y + c_2) = 0 \qquad (1)$$

為一次，故它為一直線。但 P_0 之坐標將使(1)式中之每一括號內之數為 0，因為根據假設 P 為交點，它應在每一條直線上。

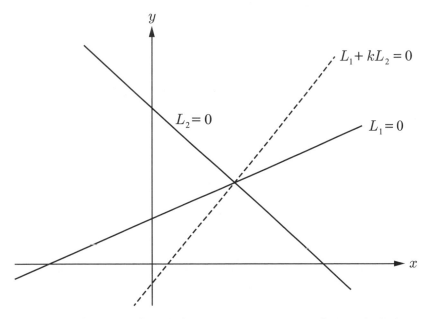

故 P 適合(1)式，而(1)式即代表通過 $L_1 = 0$ 及 $L_2 = 0$ 交點之直線系。

通常的題目是在這個系中找到合乎另一個附加條件的元素，請看下例。

例題 5 求「過二直線 $x - y + 2 = 0$ 及 $2x + 3y - 5 = 0$ 之交點」及另一點 $(1, 5)$ 之直線。

解 直線系方程式為 $(x - y + 2) + k(2x + 3y - 5) = 0$，所求之直線為此直線系中之一直線，並通過 $(1, 5)$，故

$$(1 - 5 + 2) + (2 + 15 - 5) = 0, \ -2 + 12k = 0, \ k = \frac{1}{6}$$

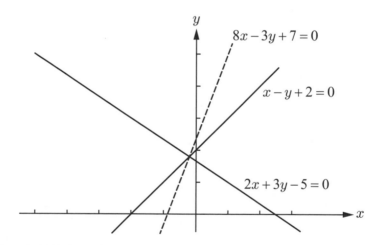

再將 k 之值代入直線系方程式，得

$$(x - y + 2) + \frac{1}{6}(2x + 3y - 5) = 0$$

化簡之，得

$$8x - 3y + 7 = 0$$

註：一般言之，解答這一類的問題，如先求出所設直線的交點，則是浪費時間的。

例題6 求過 $2x+y-2=0$ 及 $x-y+7=0$ 二直線交點又與 $x+6y-3=0$ 垂直的直線方程式。

解 所求之直線為下列直線系之一元：

$$(2x+y-2)+k(x-y+7)=0$$

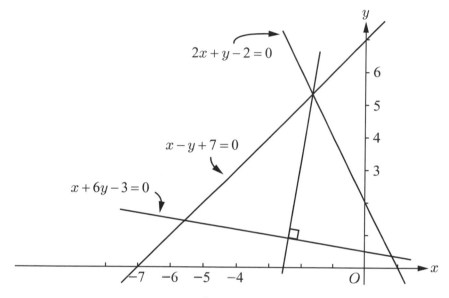

因為 $x+6y-3=0$ 之斜率為 $-\dfrac{1}{6}$，故所求直線之斜率為

$$6=-\frac{2+k}{1-k}$$

或

$$k=\frac{8}{5}$$

因此，所求之直線方程式為

$$(2x+y-2)+\frac{8}{5}(x-y+7)=0$$

或

$$18x-3y+46=0$$

例題 7 求聯結原點與二直線 $x-4y+1=0$ 及 $3x+y+2=0$ 交點之直線之斜率。

解 所求之直線為下列直線系之一，並通過原點：

$$(x-4y+1)+k(3x+y+2)=0$$

故 $$1+2k=0$$

或 $$k=-\frac{1}{2}$$

而該直線之方程式變成：

$$(x-4y+1)-\frac{1}{2}(3x+y+2)=0,\ x+9y=0$$

此直線之斜率為 $-\dfrac{1}{9}$

最後有幾個問題：

萬一這兩線 $L_1/\!/L_2$（而不相同）將如何？

若 $L_1=L_2$ 又如何？ 平行時，我們認為交點為無窮遠，過此無窮遠交點的直線就是與 L_1 (L_2) 平行者！

事實上，若所設之二直線 $ax+by+c=0$ 及 $ax+by+c'=0$ 平行，而互異，則 $c\neq c'$。

直線系中之每一直線

$$(ax+by+c)+k(ax+by+c')=0$$

均與該二直線平行。（但 $k\neq-1$）

若 $$L_1=L_2$$

則所得直線系成為

$$(1+k)(ax+by+c)=0$$

即是原直線！

$(k \neq -1)$ L_1 與 L_2 交點有無窮多個，而過這些交點之直線就是 $L_1 = L_2$ 自己!

問題 1 如何求一角之分角線?

3.三直線共點之條件

設有三條直線 $L_i : i = 1, 2, 3$

$$a_1 x + b_1 y + c_1 = 0$$

$$a_2 x + b_2 y + c_2 = 0$$

$$a_3 x + b_3 y + c_3 = 0$$

如何才能共點? 在代數上這成為: 如何才可以有公解?

今自前二者解出: $x_0 = \dfrac{c_1 b_2 - c_2 b_1}{a_1 b_2 - a_2 b_1}$, $y_0 = \dfrac{a_1 c_2 - a_2 c_1}{a_1 b_2 - a_2 b_1}$

代入末式 $0 = a_3(c_1 b_2 - c_2 b_1) + b_3(a_1 c_2 - a_2 c_1) + c_3(a_1 b_2 - a_2 b_1)$

此即 $\begin{vmatrix} a_1, & b_1, & c_1 \\ a_2, & b_2, & c_2 \\ a_3, & b_3, & c_3 \end{vmatrix} = 0$

例題 8 試證三直線 $x - y + 6 = 0$, $2x + y - 5 = 0$, $-x - 2y + 11 = 0$ 共點。

證明 $\begin{vmatrix} 1, & -1, & 6 \\ 2, & 1, & -5 \\ -2, & -2, & 11 \end{vmatrix} = 11 - 24 - 5 + 6 + 22 - 10 = 0,$

故三直線會於一共同點。

學者亦可先求出前兩直線之交點為 $(-\dfrac{1}{3}, \dfrac{17}{3})$，並證明該點在第三直線上。

例題 9 直線 $x+y+1=0,\ kx-y+3=0,\ 4x-5y+k=0$，共點，試求 k 之值。

解
$$令 \begin{vmatrix} 1, & 1, & 1 \\ k, & -1, & 3 \\ 4, & -5, & k \end{vmatrix} = 31-6k-k^2 = 0$$

因為它為二次方程式，故 k 有兩個值使直線共點，即：

$$k = -3 \pm 2\sqrt{10}$$

注意： 以上，我們從頭就假定 L_1 與 L_2 不平行，即 $a_1b_2-a_2b_1 \neq 0$，才有交點 (x_0, y_0)。三線中任何兩線之斜率不相等，就可以如此做！ 若三線都平行，則行列式為 0，此時我們應該解釋成： 三線共點於（同一個）無窮遠點。

例題 10 試證明：$\triangle ABC$ 之三個分角線共點（此點就是內心）。

證明 先把三邊寫成法式：

$$\ell_1 : a_1x+b_1y+c_1 = 0 \quad (\overline{BC} \text{ 邊})$$
$$\ell_2 : a_2x+b_2y+c_2 = 0 \quad (\overline{CA} \text{ 邊})$$
$$\ell_3 : a_3x+b_3y+c_3 = 0 \quad (\overline{AB} \text{ 邊})$$

其中，$a_i^2+b_i^2=1$，$c_i \leq 0$。在 $\triangle$ 內取某點 P，考慮原點 O 與 P 是否在三邊同側？

O, P 在 ℓ_i 同側，則記 $\varepsilon_i = -1$，否則，記為 $\varepsilon_i = +1$，於是，$\angle A$ 之平分線為 $\varepsilon_2(a_2x+b_2y+c_2) = \varepsilon_3(a_3x+b_3y+c_3)$，

（以下輪換！）底下不寫 ε_i 了，用 a_i 代替 $\varepsilon_i a_i$ 等等，所以：

∠A 平分線為

$$(a_2 - a_3)x + (b_2 - b_3)y + (c_2 - c_3) = 0$$

∠B 平分線為

$$(a_3 - a_1)x + (b_3 - b_1)y + (c_3 - c_1) = 0$$

∠C 平分線為

$$(a_1 - a_2)x + (b_1 - b_2)y + (c_1 - c_2) = 0$$

共點條件是三個方程式有共同解，但今前二式相加變號，立得第三式，故證明完畢。

注意：兩條件定一直線，所以，兩個獨立的參數，如截距式中的 (h, k)，斜截式中的 (m, b)，可以確定一直線，就如同兩個坐標 x, y，確定了一點一樣。（用一般式 $ax + by + c = 0$ 有個不利之處是冗長累贅，(a, b, c) 與 $(3a, 3b, 3c)$ 其實是同一條直線）

例如，我們採用「逆截距式」$ax + by - 1 = 0$

（$\dfrac{1}{a} = h$，$\dfrac{1}{b} = k$，才是截距！）

那麼：三條直線 $\ell_i : a_i x + b_i y - 1 = 0$ $(i = 1, 2, 3)$

共點的條件是：

$$\begin{vmatrix} a_1, & b_1, & 1 \\ a_2, & b_2, & 1 \\ a_3, & b_3, & 1 \end{vmatrix} = 0$$

其實這和「三點共線的條件」（見 4–1）完全一樣！

習　題

1. 用本節的辦法考慮 △ 三條中線之共點（重心）。

2. △ 三條高線也共點（垂心）。

3. △ 三條中垂線也共點（外心）。

4-9　折線與斷線

1. 我們已經知道：當 y 是 x 的一次（以下）函數時，圖形是（不鉛直的）直線，現在思考一個很類似（但不一樣）的函數。

例題 1　圖解 $y = |2x - 3|$

解　先做些計算：

x	-3	-2	-1	0	1	2	3	4	$1\frac{1}{2}$
y	9	7	5	3	1	1	3	5	0

試將這些點標於圖上，並繪一線連接之。

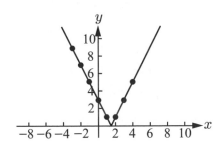

事實上，當 $x \geq \dfrac{3}{2}$ 時，$y = 2x - 3$，$x \leq \dfrac{3}{2}$ 時，$y = 3 - 2x$。

所以圖形以 $x = \dfrac{3}{2}$ 為「折點」，在兩邊分別是直線的一部分。（此地是半線！）

問題 1 x 為下面表格之值時，求 $y = |2x| - 3$ 式的 y 值，並繪其圖形。

x	-5	-4	-3	-2	-1	0	1	2	3	4
y										

問題 2 圖解 $y = |x - 7|$

例題 2 x 為下面表格時，求 $y = |2x| - |x + 3|$ 式中 y 值，並繪其圖形。

x	-6	-5	-4	-3	-2	-1	0	1	2	3	4
y											

解

x	-6	-5	-4	-3	-2	-1	0	1	2	3	4
y	9	8	7	6	3	0	-3	-2	-1	0	1

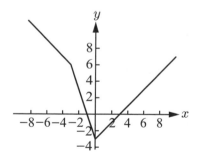

例題 3 解聯立方程組

$$\begin{cases} y = |3x + 2| & (1) \\ y = |3x - 4| & (2) \end{cases}$$

解 先繪出上組方程式，並標明其交點。

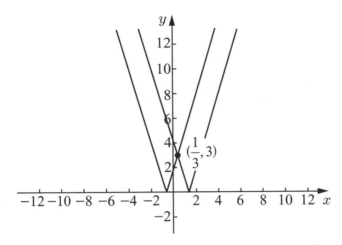

交點坐標如何算出？此點，對(1)而言，是右段，即 ((1)右)

$$y = 3x + 2$$

同樣它是在 ((2)左)

$$y = 4 - 3x$$

上，故得 $2y = 6,\ y = 3$，

因此 $x = \dfrac{1}{3}$。

例題 4 試繪 $y < |4 - 2x|$ 的圖形。

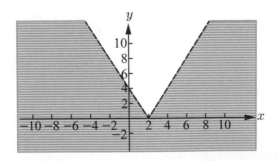

例題 5　觀察 $y > |3x - 1|$

⑴試繪出 $y = |3x - 1|$ 的圖形。

⑵把 $y > |3x - 1|$ 所包含的部分用陰影顯示出來。

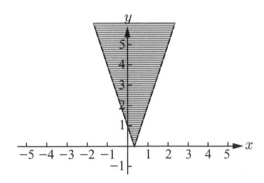

問題 3　試繪 $y \leq -|4x|$ 的圖形。

問題 4　試繪 $y \geq 1 - |x|$ 的圖形。

例題 6　試繪下組不等式，上式以 \\\\\\\\\\ 標明，下式則以 ////////// 標明。然後塗黑線相交區域，以表明共同解：

$$y > -3 + |x|, \; y < |2x - 5|$$

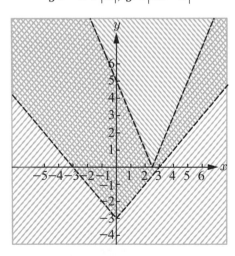

2. Gauss 捨整函數

例題 7　在近代科學上，常使用 [　] 此種符號以代表「小於或等於（本身）的最大整數」。

因此，$[1.5] = 1$, $[1.9] = 1$, $[2.1] = 2$, $[-3.1] = -4$, $[-0.9] = -1$

問題 5　填充下列各式：

(1) $[2.7] =$　　　　　(2) $[5.02] =$

(3) $[-1.6] =$　　　　(4) $[-0.1] =$

(5) $[0.1] =$

例題 8　試繪出 $y = [x]$ 的圖形，此處 x 為 $7 > x \geq 3$ 的任意值。

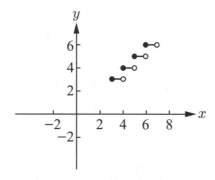

黑點表示該點本身包含在內，白點則表示其值一直到此點為止，但並不包含該點本身在內。

例題 9 考慮 $y = [x-3]$ 的圖解，但 $-2 \leq x < 6$。

若 $-2 \leq x < -1$，則 $[x-3] = -5$。

若 $-1 \leq x < 0$，則 $[x-3] = -4$。

若 $0 \leq x < 1$，則 $[x-3] = -3$。

若 $3 \leq x < 4$，則 $[x-3] = 0$。

若 $5 \leq x < 6$，則 $[x-3] = 2$。

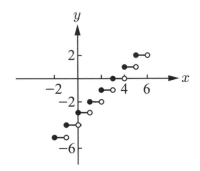

問題 6 考慮 $y = [2x+1]$，此處 x 為 $-2 \leq x < 1$ 之間的任意數。

若 $-2 \leq x < -1.5$，則 $y = (1)$

若 $-1.5 \leq x < -1$，則 $y = (2)$

若 $-1 \leq x < -0.5$，則 $y = (3)$

若 $-0.5 \leq x < 0$，則 $y = (4)$

若 $0 \leq x < 0.5$，則 $y = (5)$

若 $0.5 \leq x < 1$，則 $y = (6)$

(7)試將上述各點繪於同一個坐標系中。

例題 10 比較兩個函數之圖解，其一為 $y = [x^2]$，另一為 $y = [x]^2$，而 $-3 \leq x < 3$。

問題 7 完成下列各式：

若 $-3 \leq x < -2$，則 $[x] = -3$，$[x]^2 = 9$，

若 $-2 \leq x < -1$，則 $[x] = -2$，$[x]^2 = 4$，

⑴若 $-1 \leq x < 0$，則 $[x] = \quad$，$[x]^2 = \quad$，

⑵若 $0 \leq x < 1$，　則 $[x] = \quad$，$[x]^2 = \quad$，

⑶若 $1 \leq x < 2$，　則 $[x] = \quad$，$[x]^2 = \quad$，

⑷若 $2 \leq x < 3$，　則 $[x] = \quad$，$[x]^2 = \quad$。

⑸試將上述各點繪於同一坐標系中。

　　若 $-3 = x$　　　　則 $[x^2] = 9$

　　若 $-3 < x \leq -\sqrt{8}$　則 $[x^2] = 8$

　　若 $-\sqrt{8} < x \leq -\sqrt{7}$ 則 $[x^2] = 7$

$$\vdots$$

　　若 $-1 < x < 1$　　則 $[x^2] = 0$

　　若 $1 \leq x < \sqrt{2}$　　則 $[x^2] = 1$

　　若 $\sqrt{2} \leq x < \sqrt{3}$　　則 $[x^2] = 2$

　　若 $\sqrt{3} \leq x < 2$　　則 $[x^2] = 3$

　　若 $2 \leq x < \sqrt{5}$　　則 $[x^2] = 4$

$$\vdots$$

　　若 $\sqrt{8} \leq x < 3$　　則 $[x^2] = 8$

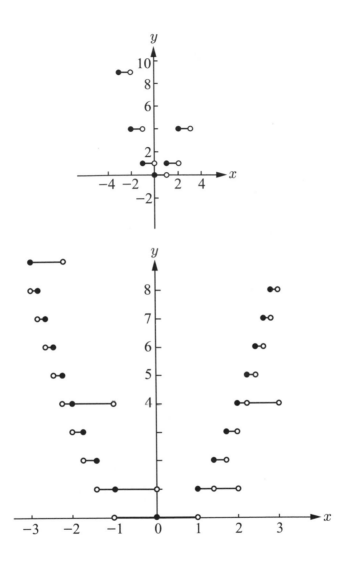

5 圓

例題 1 圖解 $x^2 + y^2 = 25$

今
$$y^2 = 25 - x^2$$
$$y = \pm\sqrt{25 - x^2}$$

先作點的表格:

x	-5	-4	-3	-2	-1	0	1	2	3	4	5
y	0	± 3	± 4								

試完成上述表格

x	-5	-4	-3	-2	-1	0	1	2	3	4	5
y	0	± 3	± 4	± 4.6	± 4.9	± 5	± 4.9	± 4.6	± 4	± 3	0

x 的大多數的值均能導出 y 的二個值,切記此即意為二點。例如,當 $x = -3$, $y = \pm 4$,即 $(-3, 4)$ 與 $(-3, -4)$ 同時為圖形上之二點,再觀察下述的表格,將上述各點置放於坐標系中,並以平滑的曲線將它們連接起來,可得一以半徑為 5 的圓,其圓心位於原點。事實上,任何方程式 $x^2 + y^2 = r^2$ 的形式,其所繪得之圖形均為一個圓,而其圓心則位於原點,半徑為 r。這是因為上式可改為 $\sqrt{x^2 + y^2} = r^2$,而左邊為原點與 (x, y) 之距離!

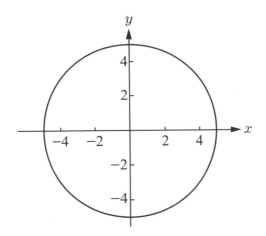

例如，方程式 $x^2 + y^2 = 7$ 之圖形為一圓，其圓心位於原點且其半徑為 $\sqrt{7}$（或接近 2.65）。故，你可用圓規逕自繪得一圓，而不用做出一個冗長表格。

〔問題 1〕下列各圓的半徑為何？

(1) $x^2 + y^2 = 36$　(2) $x^2 + y^2 = 18$　(3) $x^2 + y^2 = 45$

(4) $x^2 + y^2 = 1$　　(5) $x^2 + y^2 = 0$

〔問題 2〕試將問題 1 中的(1)，(2)與(5)描繪於同一坐標系中。

5-1 圓的方程式

在平面上，所有跟一定點等距離的點所成的圖形叫做圓，這是在初中平面幾何中就已經很熟悉的。這個定點叫作圓心，距離叫作半徑。通常我們都是用圓規來作圓的圖形。

現在要問：在平面直角坐標系中，圓的方程式為何？以及什麼樣的方程式之圖形是一個圓？讓我們逐次來回答這兩個問題。

假設圓 Γ 的圓心為 $C(h, k)$，半徑為 r，則「點 $P(x, y)$ 在 Γ 上」 $\Leftrightarrow$「P 點與 C 點的距離等於 r」（見圖 5–1）。

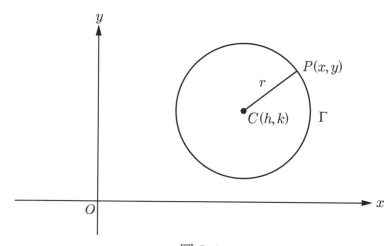

圖 5–1

$\Leftrightarrow$「$\sqrt{(x-h)^2 + (y-k)^2} = r$」

（兩點距離公式）$\Leftrightarrow (x-h)^2 + (y-k)^2 = r^2$ \hfill (1)

我們稱(1)式為圓的標準方程式，因此我們有如下的定理：

定理 1　以 $C(h, k)$ 為圓心，r 為半徑的圓，其方程式為

$$(x-h)^2 + (y-k)^2 = r^2$$

例題 1　求圓心為 $(4, -3)$，半徑為 3 之圓的方程式。

解　以 $h = 4$, $k = -3$, $r = 3$，代入(1)式，

則得圓的方程式為 $(x-4)^2 + (y+3)^2 = 9$

例題 2　設有一圓，其圓心為 $(-2, 5)$，並且此圓通過原點，

試求其方程式。

解 此圓通過原點，故其半徑

$$r = \sqrt{(-2-0)^2 + (5-0)^2} = \sqrt{29}$$

因此圓的方程式為

$$(x+2)^2 + (y-5)^2 = 29$$

如果我們將(1)式展開，並將各項完全移到左邊，則得

$$x^2 + y^2 - 2hx - 2ky + h^2 + k^2 - r^2 = 0 \qquad (2)$$

這是一個二次方程式，反過來說，一個二次方程式若能變成這個形式，其圖形必是一個圓。這個變法就是配方法。

例題 3 試證方程式 $x^2 + y^2 - 4x + 8y - 5 = 0$ 的圖形為一圓。

證明 將原方程式改寫成 $(x^2 - 4x) + (y^2 + 8y) = 5$

再配方，得 $(x^2 - 4x + 4) + (y^2 + 8y + 16) = 25$

即 $(x-2)^2 + (y+4)^2 = 25$

圓心 $(2, -4)$，半徑 5！

一般地說，二次方程式

$$x^2 + y^2 + Dx + Ey + F = 0$$

經過配方就變成

$$(x + \frac{1}{2}D)^2 + (y + \frac{1}{2}E)^2 = \frac{1}{4}(D^2 + E^2 - 4F) \qquad (3)$$

因此我們有如下的結果：

定理 2 (1)若 $D^2 + E^2 - 4F > 0$，

則(3)式的圖形為以 $(-\frac{1}{2}D, -\frac{1}{2}E)$ 為圓心，

$\frac{1}{2}\sqrt{D^2 + E^2 - 4F}$ 為半徑的圓。

⑵若 $D^2 + E^2 - 4F = 0$,

則滿足⑶式的點只有 $x = -\dfrac{1}{2}D$, $y = -\dfrac{1}{2}E$, 故⑶式的圖形

為 $(-\dfrac{1}{2}D, -\dfrac{1}{2}E)$ 一點, 叫做點圓。（半徑為 0!）

⑶若 $D^2 + E^2 - 4F < 0$,

則沒有 (x, y) 能滿足⑶式,

故⑶式無圖形, 我們稱⑶式的圖形為虛圓。（半徑為虛）

注意： 1.一般的二次方程式可以寫成 $Ax^2 + Bxy + Cy^2 + Dx + Ey + F = 0$, 如欲這方程式為一圓, 則必須且只須 $A = C$, 且 $B = 0$, 也就是說 x^2 與 y^2 項的係數相等, 且不含 xy（交叉）項（不過, 這裡所說的圓, 或實或虛, 或只為一點）。

2.由 $D^2 + E^2 - 4F$ 可判別⑶式所代表的是實圓, 點圓或虛圓, 故我們稱此式為圓方程式的判別式。

由平面幾何知, 平面上不共線的相異三點可以唯一決定一圓。事實上, 我們只要將這三點連結成一三角形, 以這三角形的外心（三邊垂直平分線的交點）為圓心, 以外心到一頂點的距離為半徑, 就可以作出通過這三點的圓。（見圖 5-2）

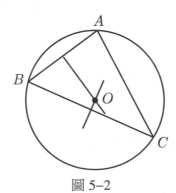

圖 5-2

例題 4 求過 $A(0, 1)$, $B(0, 6)$, $C(3, 0)$ 三點的圓的方程式。

解 由上面的論述，我們可以假設所求的圓之方程式為

$$x^2 + y^2 + Dx + Ey + F = 0$$

今 A, B, C 三點既然都在圓上，其坐標必能滿足上式。將 A, B, C 的坐標分別代入上式，得到聯立方程式：

$$\begin{cases} 1 + E + F = 0 \\ 36 + 6E + F = 0 \\ 9 + 3D + E = 0 \end{cases}$$

解上面的聯立方程式得 $E = -7$, $F = 6$, $D = -5$。故所求之圓之方程式為 $x^2 + y^2 - 5x - 7y + 6 = 0$，其

$$圓心為 (\frac{5}{2}, \frac{7}{2}), \quad 半徑 \ r = \frac{5}{2}\sqrt{2}$$

注意：解這個問題，一上來我們也可以假設圓的方程式為 $(x-h)^2 + (y-k)^2 = r^2$，然後再決定 h, k, r。不過這樣做，對本題而言，較煩！

今設　　　　　$(x-h)^2 + (y-k)^2 = r^2$　　　　　為所求圓，

則　　　　　$(0-h)^2 + (1-k)^2 = r^2$

$$(0-h)^2 + (6-k)^2 = r^2$$

$$(3-h)^2 + (0-k)^2 = r^2$$

即是　　　$h^2 + k^2 - 2k + 1 = h^2 + k^2 - 12k + 36$

$$= h^2 + k^2 - 6h + 9$$

$$= r^2$$

由前兩式得：$10k = 35$, $k = 3.5$；由中間兩式，得 $-6h + 9 = -12k + 36 = -42 + 36 = -6$, $h = 2.5$，於是由後兩式得 $r^2 = 25/2$。

問題 1 求通過三點 $(2, -1)$, $(1, 1)$, $(-2, -3)$ 之圓的方程式，並作圖。

答：$x^2 + y^2 + x + 2y - 5 = 0$

例題 5 一圓通過 $A(0, -3)$ 與 $B(4, 0)$ 兩點，並且圓心在直線 $x + 2y = 0$ 上，試求其方程式。

解 本題利用例題 4 的辦法來做亦可，不過現在我們要假設圓的方程式為

$$(x - h)^2 + (y - k)^2 = r^2$$

而下手來做這個問題。因 A, B 均在圓上，故其坐標必滿足上式，

即 $\begin{cases} h^2 + (-3 - k)^2 = r^2 \\ (4 - h)^2 + k^2 = r^2 \end{cases}$

又圓心 (h, k) 在 $x + 2y = 0$ 上，故 $h + 2k = 0$

解上面的聯立方程式，得

$$h = \frac{7}{5}, \; k = -\frac{7}{10}, \; r = \frac{\sqrt{29}}{2}$$

因此所求之圓的方程式為

$$x^2 + y^2 - \frac{14}{5}x + \frac{7}{5}y - \frac{24}{5} = 0$$

或 $\qquad 5x^2 + 5y^2 - 14x + 7y - 24 = 0$

例題 6 設 $A(x_1, y_1)$, $B(x_2, y_2)$ 為相異兩點，試求以 $\overline{AB}$ 為直徑的圓之方程式。

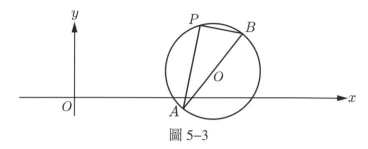

圖 5–3

解 因圓心為 $\overline{AB}$ 的中點，故其坐標為

$$(\frac{x_1+x_2}{2}, \frac{y_1+y_2}{2})$$

而圓的半徑為 $\overline{AB}$ 的長度之半，故半徑

$$r = \frac{1}{2}\sqrt{(x_1-x_2)^2+(y_1-y_2)^2}$$

因此圓的方程式為

$$(x-\frac{x_1+x_2}{2})^2+(y-\frac{y_1+y_2}{2})^2 = \frac{1}{4}[(x_1-x_2)^2+(y_1-y_2)^2]$$

化簡得　　$(x-x_1)^2+(y-y_1)^2+(x-x_2)^2+(y-y_2)^2$

$$+\ 2(x-x_1)(x-x_2)+2(y-y_1)(y-y_2)$$

$$= (x_1-x_2)^2+(y_1-y_2)^2 \tag{1}$$

若 P 在圓上，$\triangle APB$ 為直角三角形，故由<u>畢</u>氏定理得知

$$\overline{AP}^2+\overline{BP}^2 = \overline{AB}^2 \text{（見圖 5–3）}$$

即　　　$[(x-x_1)^2+(y-y_1)^2]+[(x-x_2)^2+(y-y_2)^2]$

$$= (x_1-x_2)^2+(y_1-y_2)^2$$

因此(1)式變成

$$2(x-x_1)(x-x_2)+2(y-y_1)(y-y_2)=0$$

或　　　$(x-x_1)(x-x_2)+(y-y_1)(y-y_2)=0$

例題 7 用解析幾何的辦法，證明「內接於一個半圓的角必是直角」。

解 取半徑為 r，圓心在原點，直徑自點 $A(-r, 0)$ 到 $B(r, 0)$，點 P 在圓上，則 $\angle APB = ?$

$$\overline{PA} \text{ 之斜率為 } (0-y)/(-x-r) = \frac{+y}{x+r}$$

$$\overline{PB} \text{ 之斜率為 } (0-y)/(r-x) = \frac{-y}{r-x}$$

$\overline{PA}$、$\overline{PB}$ 互相垂直之條件為

$$\frac{+y}{x+r} \cdot \frac{-y}{r-x} = -1$$

即 $-y^2 = -r^2 + x^2$，$x^2 + y^2 = r^2$ 確實成立。

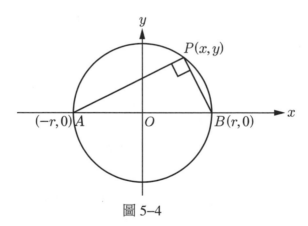

圖 5-4

我們也可以利用例題 6 來證明：

$$\overline{PB} \text{ 之斜率為 } \frac{y_2 - y}{x_2 - x}, \quad \overline{PA} \text{ 之斜率為 } \frac{y_1 - y}{x_1 - x}$$

$\overline{PA}$, $\overline{PB}$ 成直角? 依 $\dfrac{y_2 - y}{x_2 - x} \cdot \dfrac{y_1 - y}{x_1 - x} = -1$? 而定

但例題 6 說明此式確實成立!

習 題

1.求下列各圓的方程式。

　(1)圓心為 (0, 1)，半徑為 3

　(2)圓心為 (-6, -3)，半徑為 5

2.求下列各方程式的圖形，並作圖：

　(1) $x^2 + y^2 - 2x + 2y + 2 = 0$

　(2) $2x^2 + 2y^2 + 4x - 5y + 2 = 0$

3.由下列各條件所定圓的方程式：

　(1)經過 (6, -6), (-1, -5), (7, -5) 三點

　(2)以 $x + 3y + 7 = 0,\ 3x - 2y - 12 = 0$ 二直線的交點為圓心，

　　且經過 (-1, 1) 一點

　(3)以 (4, 7), (2, -3) 兩點的連線段為直徑

　(4)經過頂點 $(a, 0)$, $(b, 0)$, $(0, c)$ 的三角形各邊的中點

4.證明下列各動點之點集（圖形）為圓，並求圓心和半徑：

　(1)一動點與 (3, 0) 和 (-3, 0) 二距離的平方和，常為 68。

　(2)一動點與 $3x + 4y - 1 = 0$ 的距離，常等於與 (2, 3) 的距離的一半。

　(3)一動點與 $x + y = 6$ 的距離平方，常等於兩坐標軸與由動點至軸二

　　垂線所成矩形的面積。

　(4)一動點至 $x - 2y = 7$ 與 $2x + y = 3$ 二直線的距離平方和常為 7。

5.一動點與兩定點的距離平方和為一常數，求證其圖形為圓。

6. 二圓 $x^2 + y^2 - 4x - 2y - 5 = 0$, $x^2 + y^2 - 6x - y - 9 = 0$ 的交點為

　 A, B，則 $\overline{AB}$ 的長度為何?

7. 直線 $x + y = 3$ 截圓 $(x-1)^2 + (y-1)^2 = 1$ 於兩點，求線段 AB 之長。

8. 試圖解 $x^2 + y^2 > 16$。

9. 求以 M 為中心，r 為半徑之圓方程式:

　 (1) $M(0, 0)$, $r = \dfrac{5}{2}$, (2) $M(3, 2)$, $r = 5$, (3) $M(-4, 7)$, $r = 3$.

10. 設圓 $x^2 + y^2 = r^2$ 經過點 $A(2, 2.1)$，求 r。

11. 問點 $A(2, 6)$, $B(-2, -3)$, $C(8, 5)$ 在圓 $(x-6)^2 + (y-3)^2 = 25$ 之外

　 部或內部。

12. 求以 $M(2.4, 1)$ 為中心且經過原點的圓方程式。

13. 求下列所有圓之方程式: 以 r 為半徑，經過原點且

　 (1)與 y 軸相切，(2)與 x 軸相切!

14. 求下列各圓之方程式:

　 (1)以 $M(-1, 2)$ 為中心且經過 $A(-5, -1)$。

　 (2)以 $r = \sqrt{50}$ 為半徑且經過 $A(3, 5)$ 及 $B(-1, -7)$。

15. 求下列各圓方程式:

　 (1)經過 $A(-8, -6)$ 且在一點 $B(0, -2)$ 與 y 軸相切。

　 (2)經過 $A(1, 2)$ 且與兩坐標軸相切。

16. 求經過點 $A(1, 4)$ 及 $B(-1, 2)$ 且與 x 軸相切之圓方程式。

17. 求經過點 $A(2, -3)$, $B(-10, 3)$ 且其中心在直線 $x - 2y + 10 = 10$ 上

　 之圓方程式。

5-2　圓與直線

　　由觀察得知，平面上一個圓與一直線的關係位置，不外下面三種情形：(1)直線與圓相離，(2)直線與圓只交於一點，(3)直線與圓相交於兩點（見圖）。

　　對於第二種情形，即直線與圓只交於一點，我們稱直線與圓相切，並稱直線為該圓的切線。例如圖中之 ℓ_2，即為圓的切線。

　　假設圓的半徑為 r，圓心至直線的距離為 d，則顯然當 $d > r$ 時，直線與圓相離，當 $d = r$ 時，直線與圓相切，當 $d < r$ 時，直線與圓相交於兩點。

　　將上述的概念用解析幾何的語言來描述，我們就得到下面的結果：

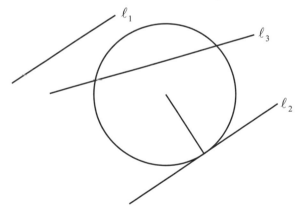

圖 5-5　直線與圓之關係

定理 1　設 $C : (x - h)^2 + (y - k)^2 = r^2$ 為一圓，

　　　　$\ell : ax + by + c = 0$ 為一直線，

則圓心 $A(h, k)$ 至直線 ℓ 的距離為：

$$d(A, \ell) = \frac{|ah + bk + c|}{\sqrt{a^2 + b^2}}$$

（請回憶一下：點至一直線的距離公式），因此

    (1)當 $d(A, \ell) > r$ 時，則 C 與 ℓ 相離。

    (2)當 $d(A, \ell) = r$ 時，則 C 與 ℓ 相切。

    (3)當 $d(A, \ell) < r$ 時，則 C 與 ℓ 相交。

例題 1 圓 $x^2 + y^2 = 25$ 與直線 $3x - 4y = 20$ 是否相交？此時法線式為 $\frac{3}{5}x - \frac{4}{5}y = 4$，圓心為原點，半徑 $5 > 4$，故有兩交點！而且容易求出來！今用 $x = (20 + 4y)/3$ 代入圓

$$(400 + 16y^2 + 160y)/9 + y^2 = 25$$

$$25y^2 + 160y + 175 = 0$$

$$5y^2 + 32y + 35 = 0$$

$$(y + 5)(5y + 7) = 0$$

$$y = -5 \text{ 或 } -7/5$$

因而 $\qquad x = 0$ 或者 $24/5$

因此兩交點是

$$(0, -5) \text{ 及 } (\frac{24}{5}, \frac{-7}{5})$$

例題 2 求切於直線 $3x - 2y - 12 = 0$ 並且圓心為 $(2, -1)$ 之圓的方程式。

解 圓心 $(2, -1)$ 至直線的距離為

$$r = \frac{|3 \times 2 - 2 \times (-1) - 12|}{\sqrt{9 + 4}}$$

$$= \frac{4}{\sqrt{13}}$$

因此所求圓的方程式為

$$(x - 2)^2 + (y + 1)^2 = \frac{16}{13}$$

即　　　$13x^2 + 13y^2 - 52x + 26y + 49 = 0$

例題 3 已知圓 C 的方程式為 $x^2 + y^2 - 6x - 8y - 11 = 0$，

試求切於圓 C 而斜率為 2 的切線方程式。

解 1 將圓 C 的方程式配方得 $(x - 3)^2 + (y - 4)^2 - 36 = 0$ 故圓心為 $A(3, 4)$，半徑為 6。今切線 ℓ 的斜率為 2，故可設 ℓ 的方程式為

$$y = 2x + k \text{ 或 } 2x - y + k = 0$$

又 ℓ 與圓 C 相切的條件為

$$d(A, \ell) = \frac{|2 \cdot 3 - 1 \cdot 4 + k|}{\sqrt{2^2 + (-1)^2}} = 6$$

$$\Rightarrow 2 + k = \pm 6\sqrt{5}$$

$$\Rightarrow k = \pm 6\sqrt{5} - 2$$

故切線 ℓ 的方程式為

$$y = 2x \pm 6\sqrt{5} - 2$$

解 2　將 ℓ 的方程式 $y = 2x + k$ 直線代入圓 C 的方程式得

$x^2 + (2x + k)^2 - 6x - 8(2x + k) - 11 = 0$,

$\Rightarrow 5x^2 + (4k - 22)x + (k^2 - 8k - 11) = 0$,

因 ℓ 與 C 只交於一點（相切），上式有兩相等實根

即　　　$(4k - 22)^2 - 4 \times 5(k^2 - 8k - 11) = 0$

$\Rightarrow k^2 + 4k - 176 = 0$

$\Rightarrow k = -2 \pm 6\sqrt{5}$

故切線方程式為 $y = 2x \pm 6\sqrt{5} - 2$

問題 1　請你作出例題 2 及例題 3 的圖形。

問題 2　直線 $x + y = 3$ 截圓 $(x - 1)^2 + (y - 1)^2 = 1$ 於兩點 A, B,

試求線段 AB 之中點。

例題 4　設圓 C 的方程式為 $x^2 + y^2 + Dx + Ey + F = 0$,

求過一已知切點 $P_0(x_0, y_0)$ 之切線方程式。

解　我們可設切線方程式為

$\ell : y - y_0 = m(x - x_0)$, 其中斜率 m 未定（點斜式）

因 ℓ 垂直於 $\overline{AP_0}$, 而 $\overline{AP_0}$ 的斜率為

$$\frac{y_0 + \dfrac{1}{2}E}{x_0 + \dfrac{1}{2}D}$$

故知 ℓ 的斜率

$$m = -\frac{x_0 + \dfrac{1}{2}D}{y_0 + \dfrac{1}{2}E},$$

代入 ℓ 的方程式得

$$(y - y_0)(y_0 + \frac{1}{2}E) + (x - x_0)(x_0 + \frac{1}{2}D) = 0 \qquad (1)$$

今因 (x_0, y_0) 在圓 C 上，故

$$x_0^2 + y_0^2 + Dx_0 + Ey_0 + F = 0 \qquad (2)$$

將(1)式展開，並利用(2)式的結果化簡，得切線方程式為：

$$x_0 x + y_0 y + \frac{1}{2}D(x + x_0) + \frac{1}{2}E(y + y_0) + F = 0$$

例題 5　設圓 C 的方程式為 $(x - 1)^2 + y^2 = 25$，$P_0(-2, 4)$ 為圓上一點，求過 P_0 的切線方程式。

解　圓心與切點之連線，斜率為

$$\frac{4 - 0}{-2 - 1} = -\frac{4}{3}$$

故切線斜率 $= \dfrac{3}{4}$

切線為　　　　　　　$y - 4 = (3 / 4)(x + 2)$

即 $3x - 4y + 22 = 0$ 為所求之切線方程式。

例題 6　求圓外一點 $P(-2, 1)$ 至圓 $C : x^2 - 10x + y^2 = 0$ 之切線方程式。

圓 C 又可以化成 $(x - 5)^2 + y^2 = 5^2$，即圓心 A 為 $(5, 0)$，半徑為 5。

解 1　若 T 為切點，則 $\overline{AT} \perp \overline{PT}$，因此 $\triangle APT$ 為一直角三角形，斜邊為 $\overline{AP}$。因為斜邊中點距直角三角形三頂點為等遠，

故「以 $B = (\frac{-2+5}{2}, \frac{1}{2}) = (\frac{3}{2}, \frac{1}{2})$ 為圓心，

$$\frac{\sqrt{(-2-5)^2 + (1-0)^2}}{2} = \frac{\sqrt{50}}{2} = \frac{5\sqrt{2}}{2} \text{ 為半徑」}$$

之圓必通過 T 點，並且此圓的方程式為

$$(x - \frac{3}{2})^2 + (y - \frac{1}{2})^2 = (\frac{5\sqrt{2}}{2})^2$$

即　　　　　　　$x^2 + y^2 - 3x - y - 10 = 0$

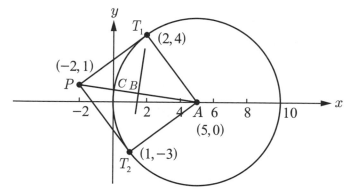

解聯立方程式

$$\begin{cases} x^2 - 10x + y^2 = 0 \\ x^2 + y^2 - 3x - y - 10 = 0 \end{cases}$$

即　　　　　　$x = 2,\ y = 4;\ x = 1,\ y = -3$

故兩個切點為 $T_1(2, 4)$ 及 $T_2(1, -3)$

今切線通過 $(-2, 1)$, $(2, 4)$，亦通過 $(-2, 1)$, $(1, -3)$，

故由兩點式知切線方程式分別為

$$4y - 3x = 10 \text{ 及 } 3y + 4x = 5$$

解 2　我們可以假設切線方程式為

$$y - 1 = m(x + 2)$$

然後再決定 m 的值。將上式變形成

$$mx - y + (2m + 1) = 0$$

由定理 1 得知

$$\frac{|m \times 5 - 1 \times 0 + 2m + 1|}{\sqrt{m^2 + 1}} = 5$$

$$\Rightarrow 12m^2 + 7m - 12 = 0$$

$$\Rightarrow m = \frac{3}{4} \ 或 \ m = -\frac{4}{3}$$

所以切線方程式為

$$y - 1 = \frac{3}{4}(x + 2) \ 或 \ y - 1 = -\frac{4}{3}(x + 2)$$

即　　　　$4y - 3x = 10 \ 或 \ 3y + 4x = -5$

我們做個整理:

(圓之切線方程式)

1.已知切點之切線

設圓之方程式為 $(x - h)^2 + (y - k)^2 = r^2$，$P(x_1, y_1)$ 為其上之一點。

因為聯結中心 (h, k) 與點 P 之直線之斜率為 $\dfrac{y_1 - k}{x_1 - h}$，故過 P 點切線之

斜率為 $-(x_1 - h)/(y_1 - k)$，其方程式為 (點斜式):

$$y - y_1 = -\frac{x_1 - h}{y_1 - k}(x - x_1)$$

根據 $(x_1 - h)^2 + (y_1 - k)^2 = r^2$ 之關係，切線方程式可化為

$$(x - h)(x_1 - h) + (y - k)(y_1 - k) = r^2 \qquad (1)$$

因為其對稱關係，故易於記憶。

註：若該圓以原點為中心，則切圓 $x^2 + y^2 = r^2$ 於 P 點之切線之方程式為：

$$xx_1 + yy_1 = r^2 \qquad (2)$$

（切線規則）

切圓 $x^2 + y^2 + ax + by + c = 0$ 於 P 點之切線方程式為：

$$xx_1 + yy_1 + \frac{a}{2}(x + x_1) + \frac{b}{2}(y + y_1) + c = 0 \qquad (3)$$

即是「取圓之方程式，用 xx_1 代 x^2，yy_1 代 y^2，$\dfrac{x + x_1}{2}$ 代 x，

$\dfrac{y + y_1}{2}$ 代 y」，就好了！

2.過圓外一已知點之切線

若點 $P'(x', y')$ 為圓外一點，則過點而切於圓之直線必有二條，故圓 $x^2 + y^2 = r^2$ 之切線方程式為：

$$y - y' = \frac{x'y' \pm r\sqrt{x'^2 + y'^2 - r^2}}{x'^2 - r^2}(x - x'), \ \text{而 } x'^2 \neq r^2 \qquad (4)$$

3.已知斜率之切線

與圓 $(x - h)^2 + (y - k)^2 = r^2$ 相切而斜率為 m 之兩平行切線方程式為：

$$y - k = m(x - h) \pm r\sqrt{1 + m^2} \qquad (5)$$

特例：

$$y = mx \pm r\sqrt{1 + m^2} \qquad (6)$$

即為與圓 $x^2 + y^2 = r^2$ 相切而斜率為 m 之切線方程式。

例題 7 求切下列各圓於已知點之切線方程式：

$(1)\ (x-1)^2 + (y+2)^2 = 9,\ (1,\ 1)$

$(2)\ x^2 + y^2 + 4x - 5y + 9 = 0,\ (-1,\ 3)$

$(3)\ x^2 + y^2 = 3,\ (1,\ -\sqrt{2})$

解 將各已知點分別代入各圓得：

$(1)\ (x-1)(1-1) + (y+2)(1+2) = 9,\ y = 1$

$(2)\ x(-1) + y(3) + 2(x-1) - \dfrac{5}{2}(y+3) + 9 = 0$，或 $2x + y - 1 = 0$

$(3)\ x - \sqrt{2}y = 3$

例題 8 求過點 $(-3, 7)$，而與圓 $x^2 + y^2 = 16$ 相切之直線方程式。

解 由(4)式所求之方程式為

$$y - 7 = \frac{-21 \pm 4\sqrt{9 + 49 - 16}}{9 - 16}(x+3)$$

即
$$y = 10 \pm \frac{4}{7}\sqrt{42}(x+3)$$

習 題

1. 求與圓 $(x+2)^2 + (y-1)^2 = 9$ 相切而斜率為 -1 之切線方程式。

  由(5)式得 $y - 1 = -(x+2) \pm 3\sqrt{2}$ 即 $x + y + 1 \pm 3\sqrt{2} = 0$。

2. 求過圓 $x^2 + y^2 = 25$ 上之一點 $(3, 4)$ 而與此圓相切之直線之方程式。

3. 設圓之方程式為 $x^2 + y^2 = 9,\ (-C, C)$ 為圓上之點，求經過此點的圓之切線方程式。

4.⑴由點 $A(1, 3)$ 做圓 $x^2 + y^2 = 5$ 的二切線，求其方程式。

　⑵設⑴的二切點為 P, Q 而 O 為原點，求四邊形 $OPAQ$ 的面積。

5.求方程式 $x\cos\omega + y\sin\omega - p = 0$ 所表之直線，與方程式 $x^2 + y^2 = 2ax$ 所表之圓，兩者相切之條件。

6.試證：直線 $3x - 4y = -20$ 與圓 $x^2 + y^2 = 16$ 相切，且求其切點。

7.⑴求圓 $4x^2 + 4y^2 = 225$ 上與 x 軸相距 4.5 的四點。

　⑵求在此四點之切線方程式。

　⑶此四條切線圍成何種圖形？

8.求垂直於直線 $7x - 24y + 240 = 0$，圓 $x^2 - 20x + y^2 = 525$ 之切線方程式。

9.求半徑為 5，且與直線 $3x - 4y + 36 = 0$ 在 $P(-4, p_2)$ 相切的圓。

10.求圓心在直線 $8x - 7y + 41 = 0$ 上，且與直線 $g': 2x + 9y - 15 = 0$ 及 $g'': 6x - 7y - 7 = 0$ 相切之圓方程式。

11.求與直線 $g: 3x - 4y - 12 = 0$ 及 $g': y + 6 = 0$ 相切，且在 g 上之切點為 $B(8, 3)$ 之圓方程式。

5-3 圓　冪

1.切線之長

設 $P'(x', y')$ 為圓 $(x-h)^2 + (y-k)^2 - r^2 = 0$ 外之一點，畫 $\overline{P'T}$，

$\overline{TC}$ 及 $\overline{CP'}$（如圖），T 為自 P' 所劃切線之切點，C 為中心。

$$\overline{P'T}^2 = \overline{P'C}^2 - \overline{CT}^2$$

但　　　　$\overline{P'C}^2 = (x'-h)^2 + (y'-k)^2$

及　　　　$\overline{CT}^2 = r^2$

故　　　　$\overline{P'T}^2 = (x'-h)^2 + (y'-k)^2 - r^2$

上式即為切線之長之平方。

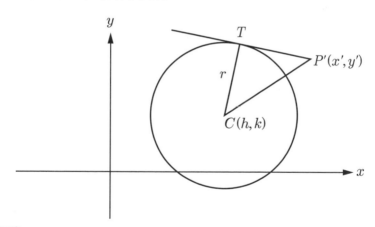

例題 1　求過點 $P'(-2, 0)$ 而與圓 $x^2 + y^2 - 6x + 2y - 6 = 0$ 相切之切線
之長。

解　先將圓之方程式化為標準化：$(x-3)^2 + (y+1)^2 = 16$

則所求之切線之長為 $\overline{P'T} = \sqrt{25 + 1 - 16} = \sqrt{10}$。

必須注意:「圓的方程式經規範化使 (x^2+y^2) 的係數為 1, 呈現

$$f(x, y) = x^2 + y^2 + ax + by + c = 0\text{——}之形, 於是 f(x', y')$$

即為『切線長平方』」這和:「直線的方程式經規範化使 x, y

的係數平方和為 1, 常數項為負; 呈現 $f(x, y) = ax + by$

$+ c = 0$ $(a^2 + b^2 = 1, c < 0)$ 之形, 則 (x', y') 到線的距離為

$|f(x', y')|$」, 如出一轍!

2.圓冪

試問: $f(x', y') < 0$ 代表什麼?

「切線長為虛」! 即只有虛切線, 即 $P' = (x', y')$ 在圓之內部!

此時 $f(x', y')$ 有無特別意義?

先設 P' 在圓外, 任做一割線 $P'QR$, 割點為 Q 及 R,

$Q = (x_1, y_1), R = (x_2, y_2)$, 連 $\overline{TQ}, \overline{TR}$

$$\triangle P'QT \sim \triangle P'TR$$

$$\angle QP'T = \angle TP'R$$

而　　　$\angle P'TQ = \angle P'RT$

故　　　$\overline{P'T} : \overline{P'Q} = \overline{P'R} : \overline{P'T}$

$$\overline{P'T}^2 = \overline{P'Q} \cdot \overline{P'R}$$

這個切線長平方, 稱為圓冪 (power), P' 點對此圓者, 即是 $\overline{P'Q}$ 乘

$\overline{P'R}$, 而與割線 $\overline{P'QR}$ 之抉擇無關!

再設 P' 在圓內, 此時, 若 $\overline{QP'R}$ 為任一割線, 割點為 Q, R,

仍得:

$$\overline{P'Q} \cdot \overline{P'R}$$

為一常數, 仍稱之為點 P' 對此圓之圓冪。

[證法稍做修改，即再做另外一個割線 $\overline{P'Q'R'}$，而證明

$$\overline{P'Q}\cdot\overline{P'R}=\overline{P'Q'}\cdot\overline{P'R'}$$

或即 $\triangle P'QQ'\sim\triangle P'R'R$。]

我們知道此時 P' 在 Q,R 之間，故我們應該認定 $\overline{P'Q}\cdot\overline{P'R}$ 為負！

3.直交圓

兩圓相交，若在其交點之切線彼此垂直，則此二圓為直交圓（成直角相交）。若此，一圓在此點之切線經過另一圓之中心，反之，另一圓亦然。茲決定兩圓直交時係數之條件。

設兩圓之方程式為 $x^2+y^2+a_1x+b_1y+c_1=0$ 及 $x^2+y^2+a_2x+b_2y+c_2=0$，則由下圖可知：

$$\overline{C_1C_2}^2=\overline{C_1T}^2+\overline{C_2T}^2$$

$$\overline{C_1C_2}^2=(\frac{a_1}{2}-\frac{a_2}{2})^2+(\frac{b_1}{2}-\frac{b_2}{2})^2$$

又

$$\overline{C_1T}^2=r_1^2=\frac{a_1^2+b_1^2-4c_1}{4}$$

$$\overline{C_2T}^2=r_2^2=\frac{a_2^2+b_2^2-4c_2}{4}$$

故

$$(\frac{a_1}{2}-\frac{a_2}{2})+(\frac{b_1}{2}-\frac{b_2}{2})$$

$$=\frac{a_1^2+b_1^2-4c_1+a_2^2+b_2^2-4c_2}{4}$$

化簡之得

$$a_1a_2+b_1b_2=2(c_1+c_2) \tag{1}$$

以上為兩圓直交時必須及充分的條件。

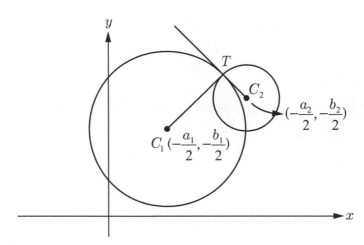

例題 2　試證 $x^2 + y^2 - 3x + 2y - 3 = 0$ 及 $x^2 + y^2 + 2x + y + 1 = 0$ 兩圓

　　　　直交。

證明　直交圓之條件(1)化簡之，得

$$(-3)(2) + (2)(1) = 2(-3 + 1)$$

故兩圓成直角相交。

問題 1　兩圓直交之條件可以說成「某一圓心對另一圓之圓冪，恰為

　　　　此圓之半徑平方」!

5-4　圓系、根軸

1. 圓　系

　　關於直線系 (4-8) 的許多概念均可應用於圓，以原點為中心的同

心圓系，其方程式為 $x^2 + y^2 = r^2$，與軸相切的圓系，其方程式為 $(x -$

$h)^2 + (y - h)^2 = h^2$。至於 $(x - h)^2 + (y - 1)^2 = 25$，則為中心在直線 $y = 1$

上，半徑為 5 的圓系。以上均為單參數系。通過原點的圓系方程式為

$x^2 + y^2 + ax + by = 0$，它為二參數系。在平面中所有各圓的普通方程式則有三個參數。

設 $P_1(x_1, y_1)$ 及 $P_2(x_2, y_2)$ 為二圓：

$$S_1 \equiv x^2 + y^2 + a_1 x + b_1 y + c_1 = 0$$

$$S_2 \equiv x^2 + y^2 + a_2 x + b_2 y + c_2 = 0$$

的交點，則：

$$S_1 + kS_2 \equiv (x^2 + y^2 + a_1 x + b_1 y + c_1)$$
$$+ k(x^2 + y^2 + a_2 x + b_2 y + c_2) = 0 \qquad (1)$$

因為上式為二次式，其中 x^2 及 y^2 的係數相同，即 $(1 + k)$，同時無 xy 項，故知上式所代表者為圓。又因為 P_1 或 P_2 之坐標皆可使(1)式中每一括弧內之式等於零，故 P_1 及 P_2 均在圓上。因此，(1)式為通過兩已知圓交點的圓系方程式。

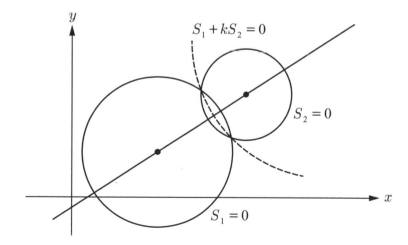

例題 1　求過點 $(1, -5)$ 及兩圓 $x^2 + y^2 - 5x + y - 4 = 0$，$x^2 + y^2 + 2x - 3y - 1 = 0$ 交點之圓之方程式。

解　圓系方程式當為

$$(x^2 + y^2 - 5x + y - 4) + k(x^2 + y^2 + 2x - 3y - 1) = 0$$

而此圓通過點 $(1, -5)$

故　　$(1 + 25 - 5 - 5 - 4) + k(1 + 25 + 2 + 15 - 1) = 0$

$$k = -\frac{2}{7}$$

故所求之圓方程式為：

$$5x^2 + 5y^2 - 39x + 13y - 26 = 0$$

習　題

1. 求過 $x^2 + y^2 = 1$ 與 $x^2 + y^2 + 2x = 0$ 兩圓交點，且過點 $(3, 2)$ 之圓的方程式。

2.根　軸

$$S_1 - S_2 \equiv (a_1 - a_2)x + (b_1 - b_2)y + (c_1 - c_2) = 0 \tag{1}$$

上式並非圓而係一直線，此直線稱為兩圓 $S_1 = 0$ 及 $S_2 = 0$ 之根軸。

（圖中之 $\overline{R_1 R_2}$）

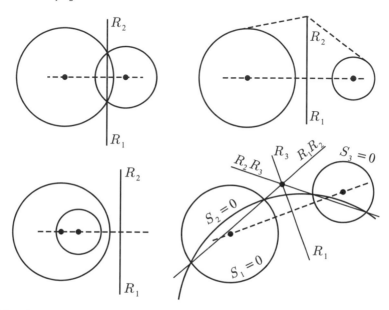

根軸之特性如下：

　　⑴如二圓相交於不同之實點，則根軸為這兩圓之公弦。

　　⑵如兩圓交於重合點（內切或外切），則根軸為這兩圓之公切線。

　　⑶即使兩圓不在實點相交，根軸亦為實直線。

　　⑷根軸為至二圓切線相等之點之軌跡。

　　⑸根軸垂直於二圓的聯心線。

　　⑹如圓為同心圓，則根軸不存在（在無窮遠處）。

　　⑺三圓之根軸所交之點（以兩圓為一組），稱為根心（若三圓之中心共線，則其三根軸互相平行，而根心在無窮遠處）。

例題 2 求兩圓 $x^2 + y^2 + 3x - 2y - 7 = 0$, 及 $x^2 + y^2 - x - y + 2 = 0$ 公弦之方程式。

解 所求方程式為:

$$4x - y - 9 = 0$$

學者可自行證明該兩圓不在實點相交。

例題 3 求二圓 $x^2 + y^2 - 25 = 0$ 及 $x^2 + y^2 + x + y - 20 = 0$ 之交點。

解 此二圓根軸為 $x + y + 5 = 0$ 利用此式以解第一個圓的方程式，得

$$x^2 + (-x - 5)^2 - 25 = 0 \text{ 或 } x^2 + 5x = 0$$

所求之交點為 $(0, -5)$ 及 $(-5, 0)$。

例題 4 試就通例證明根軸的第 5 特性。

證明 根軸為

$$(a_1 - a_2)x + (b_1 - b_2)y + (c_1 - c_2) = 0 \tag{1}$$

其斜率為

$$-\frac{a_1 - a_2}{b_1 - b_2}$$

因為二圓中心之坐標為

$$(-\frac{a_1}{2}, -\frac{b_1}{2}) \text{ 及 } (-\frac{a_2}{2}, -\frac{b_2}{2})$$

故二圓的聯心線的斜率為:

$$\frac{-\dfrac{b_2}{2} + \dfrac{b_1}{2}}{-\dfrac{a_2}{2} + \dfrac{a_1}{2}} = \frac{b_1 - b_2}{a_1 - a_2}$$

此為根軸斜率之負倒數，故第 5 特性成立。

5–5 極 線

　　若從圓 Γ 外一點 P 作此圓之兩切線 $t,\ t'$，且其切點分別為 B 與 B'，則切弦 BB' 之直線稱為以點 P 為極點之極線 $\pi(P)$。

　　求 $\pi(P)$ 之方程式如下：

今 Γ 之方程式為

$$(x-\alpha)^2+(y-\beta)^2=r^2,$$

圓心為 $C=(\alpha,\ \beta)$，半徑 r

而切點為

$$B=(a,\ b)$$

及　　　$B'=(a',\ b')$

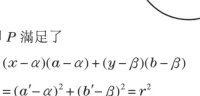

則 $\overline{CB}$ 與 $\overline{BP}$ 正交：

切線法向為 $\overline{CB}$，即 P 滿足了

$$(x-\alpha)(a-\alpha)+(y-\beta)(b-\beta)$$
$$=(a'-\alpha)^2+(b'-\beta)^2=r^2$$

故，P 之坐標 $(x_0,\ y_0)$ 合乎

$$(x_0-\alpha)(a-\alpha)+(y_0-\beta)(b-\beta)=r^2$$

同理

$$(x_0-\alpha)(a'-\alpha)+(y_0-\beta)(b'-\beta)=r^2$$

這一來，直線：

$$(x_0-\alpha)(x-\alpha)+(y_0-\beta)(y-\beta)=r^2$$

就通過 $B(a,\ b)$ 及 $B'(a',\ b')$ 兩點，換言之：這直線就是極線 $\pi(P)$。

因此，對圓

$$x^2 + y^2 - 2\alpha x - 2\beta y + \alpha^2 + \beta^2 - r^2 = 0$$

來說，點 $P = (x_0, y_0)$ 之極線 $\pi(P)$ 為

$$\pi(P): x_0 x + y_0 y - \alpha(x_0 + x) - \beta(y_0 + y) + \alpha^2 + \beta^2 - r^2 = 0$$

仍然合乎「切線規則」!

下圖說明：若極點 P 接近圓，則其極線反向移動。極端的情形是：極點為切點而極線變為切線。那麼極線方程式就變成切線方程式了。

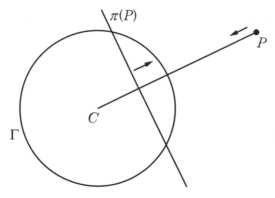

例題 1 點 $P(1, 7)$ 對 $x^2 + y^2 = 25$ 之極線為 $\pi(P): x + 7y = 25$。

事實上可以慢慢做：

由 $y - 7 = m(x - 1)$ 代入得

$$x^2 + (7 + mx - m)^2 = 25$$

$$= (1 + m^2)x^2 + 2m(7 - m)x + (7 - m)^2$$

有重根，則

$$m^2(7 - m)^2 = (1 + m^2)[(7 - m)^2 - 25]$$

$$0 = 49 - 14m + m^2 - 25m^2 - 25$$

$$24m^2 + 14m - 24 = 0$$

$$(3m+4)(4m-3)=0$$

$$m=\frac{+3}{4},\ \frac{-4}{3}$$

切線為 $\qquad y-7=\frac{3}{4}(x-1)$ 及 $y-7=\frac{-4}{3}(x-1)$

切點為何?

$$(\frac{5}{4})^2x^2+\frac{3}{2}(\frac{25}{4})x+(\frac{25}{4})^2-25=0,\ x=4$$

及 $\qquad (\frac{5}{3})^2x^2+2\cdot\frac{-4}{3}\frac{25}{3}x+(\frac{25}{3})^2-25=0,\ x=-3$

切點為 $(4,\ 3)$ 及 $(-3,\ 4)$

於是「切弦」即極線為 $(y-3)=(x-4)\cdot(7/-7)$ 或 $x+y=7$。

有時我們可以反用極線之定義!

例題 2 從點 $P(1,\ 7)$ 作圓 $x^2=25$ 之兩切線。

解 極線為 $x+7y=25$

與此圓相交,由聯立方程式

$$\begin{cases} x_1^2+x_2^2=25 \\ x_1+7x_2=25 \end{cases}$$

求得交點 $B(4,\ 3)$, $B'(-3,\ 4)$ $\Rightarrow$ 切線方程式

$$4x+3y=25 \text{ 及 } -3x+4y=25$$

如果一點 P 在圓之內,我們也可以在形式上定義它的極線 $\pi(P)$。(事實上,自 P 可以引兩條虛切線,這兩條虛切點的連線就是極線!)還有另一種辦法可以引入極線。

對於圓 O 及點 P,連 OP,在 OP 半線上找一點 $P*$,使 $\overline{OP}\cdot\overline{OP*}$ $=$(半徑 $r)^2$,則 $P*$ 稱為 P 對圓之反影,過 $P*$ 作直線 $\pi(P)$ 與 $\overline{OP}$ 垂直就好了。

證明　先設圓 O 為 $x^2 + y^2 = r^2$

而　　　　　　$P = (x_1,\, y_1)$

則　　　　　　$\overline{OP} = \sqrt{x_1^2 + y_1^2}$

$$\overline{OP*} = \frac{r^2}{\sqrt{x_1^2 + y_1^2}}$$

故　　　　　$\overrightarrow{OP*} = (\frac{r^2 x_1}{\sqrt{(x_1^2 + y_1^2)^2}},\ \frac{r^2 y_1}{\sqrt{(x_1^2 + y_1^2)^2}})$

而 $\pi(P)$ 為

$$\frac{x \cdot r^2 x_1}{\sqrt{(x_1^2 + y_1^2)^2}} + \frac{y \cdot r^2 y_1}{\sqrt{(x_1^2 + y_1^2)^2}}$$

$$= \overline{OP*}^2 = \frac{r^4}{\sqrt{(x_1^2 + y_1^2)^2}}$$

也就是

$$xx_1 + yy_1 = r^2$$

確實如所要求。

　　一般的情形下，我們必須配方：

$$O = (x_0,\, y_0),\ P = (x_1,\, y_1)$$

則　　$\overline{OP} = \sqrt{(x_1 - x_0)^2 + (y_1 - y_0)^2}$

$$\overline{OP*} = \frac{r^2}{\sqrt{(x_1 - x_0)^2 + (y_1 - y_0)^2}}, \ \ 而$$

$$P* = (x_0 + \frac{r^2(x_1 - x_0)}{\sqrt{[(x_1 - x_0)^2 + (y_1 - y_0)^2]^2}},$$

$$y_0 + \frac{r^2(y_1 - y_0)}{\sqrt{[(x_1 - x_0)^2 + (y_1 - y_0)^2]^2}})$$

過 $P*$ 之垂線為

$$\frac{(x-x_0)\cdot(x_1-x_0)r^2}{\sqrt{[(x_1-x_0)^2+(y_1-y_0)^2]^2}}+\frac{(y-y_0)\cdot(y_1-y_0)r^2}{\sqrt{[(x_1-x_0)^2+(y_1-y_0)^2]^2}}=\overline{OP*}^2$$

仍為所要求的極線 $\pi(P)$。

我們規定這極線 $\ell=\pi(P)$ 之極為 $P=\pi(\ell)$；當然不妨寫成

$$\pi*(P)=\ell,\ \pi*(\ell)=P$$

定理 設 $P\in\ell$，則 $\pi(P)\ni\pi(\ell)$。

因為極與極線有如上之幾何意義，與坐標系無關，故今可設

圓為 $x^2+y^2=r^2$，則 $P=(x_1,\ y_1)$ 時，$\pi(P)$ 為 $x_1x+y_1y=r^2$

所以，反過來說，

$$對直線\ \ell:ax+by=r^2$$

必然可得

$$\pi(\ell)\equiv(a,\ b)$$

如此，設

$$(x_1,\ y_1)\ 在\ \ell\ 上$$

即

$$ax_1+by_1=r^2$$

然則

$$\pi(P):xx_1+yy_1=r^2$$

而

$$(a,\ b)=\pi(\ell)\ 果然在\ \pi(P)\ 上$$

試由此證明:

・對兩點 P, Q 則

$$\pi(P) \wedge \pi(Q) = \pi(\overline{PQ})$$

(左邊表示交點!)

・有三角形 P, Q, R，若

$$\pi(P) = \overline{QR},\ \pi(Q) = \overline{RP}$$

則 $$\pi(R) = \overline{PQ}$$

Salmon 氏定理:

對點 P, Q, $\overline{OP} : \overline{OQ} = d(P,\, \pi(Q)) : d(Q,\, \pi(P))$

證明 $P = (x_1,\, y_1)$, $Q = (x_2,\, y_2)$

而圓 $O : x^2 + y^2 = r^2$

則 $\pi(P)$ 為 $x_1 x + y_1 y = r^2$

$\pi(Q)$ 為 $x_2 x + y_2 y = r^2$

故 $$d(P,\, \pi(Q)) = \frac{x_2 x_1 + y_2 y_1 - r^2}{\sqrt{x_2^2 + y_2^2}}$$

6 一些曲線的描圖

6-1 拋物線

例題 1 圖解 $y = x^2 + x - 6$

解 硬做！先列表

x	-4	-3	-2	-1	$-\frac{1}{2}$	0	1	2	3
y	6	0	-4	-6	$-6\frac{1}{4}$	-6	-4	0	6

這個方程式將導出一個拋物線的圖形。

試將下列各點置放於坐標系中，並以平滑的線將它們連結起來。

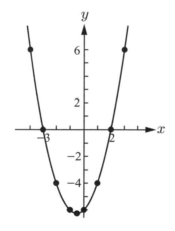

底下我們對於二次函數的圖解做個一般的討論（這是初中教過的）：

(1)首先我們作平方函數的圖解；只要耐著性子，這倒好做，因為平方函數表隨處都有！（不要忘掉圖形對 y 軸對稱）

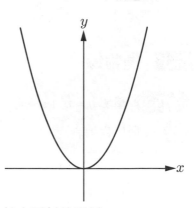

(2)其次請問：$y = -x^2$ 怎麼畫？

其實，這個問題可以改成：

如果有了圖形 $\Gamma : f(x, y) = 0$，要從它

做出 $\Gamma' : f(x, -y) = 0$，這只要把 Γ 對 x 軸來反射就好了。

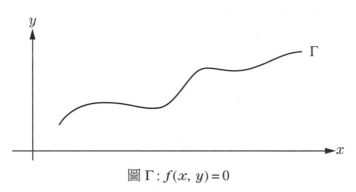

圖 $\Gamma : f(x, y) = 0$

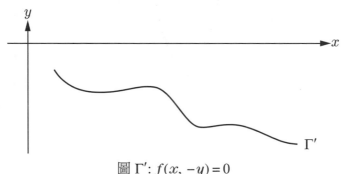

圖 $\Gamma' : f(x, -y) = 0$

所以, 我們得到了 $y=-x^2$ 的圖解。

(3)現在問: $y=x^2+0.6$ 的圖解又如
何? 和 $y=x^2$ 的圖, 只差在 y 坐標
都加了 0.6, 故有一個辦法是: 重
新拷貝一個 $y=x^2$ 的圖, 但 y 軸上
的刻度, 全部改寫, 原來寫 β 的現
在寫成 $\beta+0.6$。(所以舊的 x 軸,
對應 $\beta=0$ 的, 現改為 0.6, 新 x 軸
必須向下平移, 在舊的 $y=-0.6$ 那
條直線上!)

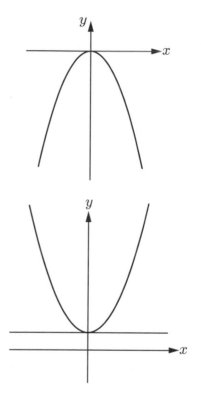

(4)現在再問: $y=(x-3)^2$ 又如何
畫? 好, 換句話說, 現在寫 x 的地
方就是本來寫 $(x-3)$ 的地方! 只
要拷貝了一個 $y=x^2$ 的圖形, 但是
把 y 軸移動一下, 移到現在寫
$x=0$ 的地方, 就是舊的 $x=-3$ 的
地方!

(5)最後問: $x^2/4$ 如何畫?

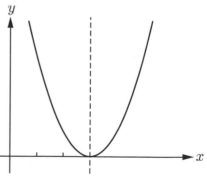

在大部分情形下, 我們有一個偷懶
的辦法! 參看前面的圖, 那是一個
關係式 $f(x, y)=0$, 表示: 原來有一點 (x_1, y_1) 滿足了 $f(x, y)=0$,
(在 Γ 上), 則現在有一點 (x_1', y_1') 在 Γ': $f(x, \alpha y)=0$ 之上, 只要

$\alpha y_1' = y_1$，所以，我們就把原來的圖 Γ 重新拷貝一份，只不過，註明 y_1 的地方，現在註明為 $y_1' = y_1 / \alpha$；換句話說，我們把 y 軸的單位放大 α 倍！

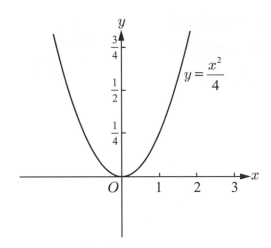

所以，如上圖就是 $y = x^2 / 4$ 的圖解！

註：這個投機取巧的辦法通不通呢？通常可以！因為：在物理世界，關係式 $f(x, y) = 0$ 中的變量 x, y 通常是「不同類」的。（也就是說不同「量綱」(dimension) 的。）

例如：y 是電流，x 指電壓。

　　（y 的單位可用安培，也可以用 esu 單位！）

　　當 x, y 都是同一量綱時，照道理，兩者用同一單位才合理，對 y 伸縮了尺度，也應該對 x 伸縮尺度。如此 $y = x^2 / 4$ 與 $y = x^2$ 之圖形不同，因為 y 軸方向必須做一壓縮！如圖

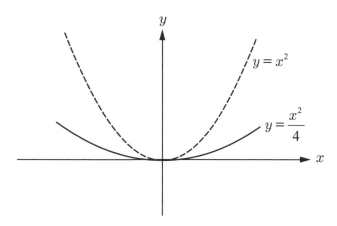

但若 x, y 指涉到不同類的物理量，那麼可以分別伸縮！

1.綜合上述，試做下列諸圖形：

(1) $y = x^2 - 6x + 8$

(2) $y = 4x^2 + 4x - 3$

現在讓我們來觀察拋物線的一般方程式：$y = ax^2 + bx + c$ 用配方法，$y = a(x + \frac{b}{2a})^2 + (c - \frac{b^2}{4a})$；若 $a > 0$；則 x 越離開 $\frac{-b}{2a}$，y 就越大，曲線開口朝上，我們可得極小點，即 $x = \frac{-b}{2a}$ 處。

但若 a 為負數，則曲線開口朝下，我們可得極大點，也是 $x = \frac{-b}{2a}$ 處，這個 $x = \frac{-b}{2a}$ 叫做臨界點。

極小值（$a > 0$ 時）或極大值（$a < 0$ 時）總是

$$c - \frac{b^2}{4a} = \frac{-(b^2 - 4ac)}{4a}$$

故若 $b^2 - 4ac < 0$，則曲線不會碰到 x 軸。（二次函數有定號！）

例題 2　$y = 5 - 4x + x^2$，今 $\frac{-b}{2a} = \frac{-(-4)}{2(1)} = 2$

將 $x = 2$ 代入這方程式中：$y = 5 - 8 + 4 = 1$

因為 a 為正數，$(2, 1)$ 為極小點。

問題 1　試完成下列的表格：

	$x = \frac{-b}{2a}$	點的坐標	極大點或極小點
例　$y = 5 - 4x + x^2$	2	$(2, 0)$	極小點
(1)　$y = x^2 + 3x - 7$	(a)＿＿＿	(b)＿＿＿	(c)＿＿＿
(2)　$y = 2x^2 - 5x + 8$	(a)＿＿＿	(b)＿＿＿	(c)＿＿＿
(3)　$y = -x^2 + 6x + 2$	(a)＿＿＿	(b)＿＿＿	(c)＿＿＿
(4)　$y = 10 - 4x - 3x^2$	(a)＿＿＿	(b)＿＿＿	(c)＿＿＿

問題 2　繪 $y = 8 - 2x - x^2$ 的圖。

例題 3　求下列曲線之交點：

　　(1) $y = x^2$，(2) $x - y + 2 = 0$。

解　將(1)式代入(2)式，得

$$x - x^2 + 2 = 0$$

解二次方程式，得 $x = -1, 2$，以 x
值代入(1)式，得 $y = 1, 4$。
以上 x, y 之值適當的配合成組，
即得交點的坐標 $(-1, 1)$, $(2, 4)$
(方程式(1)的圖形為拋物線，方程
式(2)的圖形為直線)。

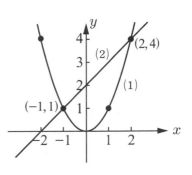

例題 4　考慮下組方程式

$$\begin{cases} y = x^2 - x - 6 \\ y = 2x - 2 \end{cases}$$

(注意：上組有二個解，切記將它們標明！)

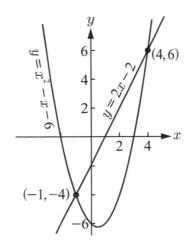

問題 3 試繪下組方程式的圖形，並標明其解：

$$\begin{cases} y = 3x^2 - 2x - 5 \\ y = -5x + 1 \end{cases}$$

例題 5 圖解 $y > x^2 - 2x - 3$。

解 首先，繪 $y = x^2 - 2x - 3$ 的圖形，如圖甲。它把平面分成兩區，我們必須決定在何區域之內的點在不等式中，假設我們驗算點 $(5, 0)$，明顯的它在曲線之外：

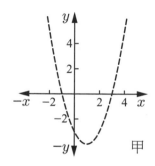
甲

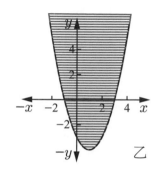
乙

今驗算 $(2, 5)$，明顯的它在曲線之內：

因此，$y > x^2 - 2x - 3$ 的解即為陰影區域內之點集合。

例題 6 試繪 $y < x^2 + 4x$ 之圖形。

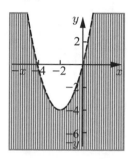

解在陰影區域之內。

問題 4 試繪 $y < 4 - x^2$ 的圖形。

問題 5 試繪 $y < 3x^2 - 6$ 的圖形。

例題 7 試證明有一定點 F，及定線 ℓ，

使得：對拋物線 $y = ax^2 + bx + c$ 上的動點 P，$\overline{PF} = d(P, \ell)$。

解 設 $F = (g, h)$，$\ell : y = mx + k$

$P = (x, y)$，則 $\overline{PF}^2 = (x - g)^2 + (y - h)^2$

$$d(P, \ell)^2 = \frac{(y - mx - k)^2}{1 + m^2}$$

$\overline{PF}^2 = d(P, \ell)^2$，即

$x^2 + y^2 - 2xg - 2yh + g^2 + h^2$

$= \dfrac{1}{1 + m^2} \{ y^2 + m^2 x^2 + k^2 - 2mxy + 2mkx - 2yk \}$，

與 $y = ax^2 + bx + c$ 比較，

y^2 係數消去，故 $m = 0$，於是

$x^2 - 2xg + g^2 + h^2 - k^2 = 2y(h - k)$ 就是 $ax^2 + bx + c = y$

$\therefore \qquad \dfrac{-2g}{1} = \dfrac{b}{a}$，$g = \dfrac{-b}{2a}$

$\dfrac{c}{a} = g^2 + h^2 - k^2 = \dfrac{b^2}{4a^2} + h^2 - k^2$

$a = \dfrac{1}{2(h - k)}$

或 $\qquad \begin{cases} h^2 - k^2 = \dfrac{c}{a} - \dfrac{b^2}{4a^2} = \dfrac{-(b^2 - 4ac)}{4a^2} \\ h - k = \dfrac{1}{2a} \end{cases}$

$$\therefore \quad h + k = \frac{-(b^2 - 4ac)}{2a}$$

$$h = \frac{1 - (b^2 - 4ac)}{4a}$$

$$k = \frac{1 + (b^2 - 4ac)}{-4a}$$

故定點為 $(\frac{-b}{2a}, \frac{1 - (b^2 - 4ac)}{4a})$

定線為 $y = \frac{1 + (b^2 - 4ac)}{-4a}$,

分別稱為焦點，準線。

過焦點而垂直於準線者，即軸

$$x = \frac{-b}{2a}$$

特例: 設 $b = 0 = c$, $a = \frac{1}{4p}$

則: 拋物線 $4py = x^2$, 有焦點 $(0, p)$, 準線 $y = -p$。

6-2　阿基米德 (Archimedes)

考慮一個閉區間 $I = [a, b]$，它的中點是 $c = \frac{a + b}{2}$，這樣子，a, c, $b = x$ 對應到拋物線 $y = x^2$ 上的三點

$$A = (a, a^2), B = (b, b^2), C = (c, c^2)$$

我們就說 $\triangle ABC$ 是「建基於 I 的阿基米德三角形」! 記做 $\triangle^0$。

現在把 $I^0 = I = [a, b]$ 對分，成為兩個閉區間 $[a, c]$ 及 $[c, b]$，又可以分別作出建基於 $[a, c]$ 及 $[c, b]$ 的阿基米德三角形，——這是自

$\triangle^0$ 導出的，記做 $\triangle^1_1$ 及 $\triangle^1_2$，以下仿此，把 I^n_k 對分成 I^{n+1}_{2k-1} 及 I^{n+1}_{2k} 作出阿基米德三角形（把 $I^1_1 = [a, c]$ 及 $I^1_2 = [c, b]$，對分成 $I^2_1, I^2_2, I^2_3, I^2_4$ 作出新的 Archimedes 三角形 $\triangle^2_1, \triangle^2_2, \triangle^2_3, \triangle^2_4$, ……一直下去）。阿基米德就此算出這些三角形面積的總和，那就是拋物線上，AB 弦以下部分的面積！（這是積分學的開始！）

先算 $\triangle ABC = ?$ 根據公式

$$\triangle ABC = \frac{1}{2} \begin{vmatrix} 1 & a & a^2 \\ 1 & \dfrac{a+b}{2} & \left(\dfrac{a+b}{2}\right)^2 \\ 1 & b & b^2 \end{vmatrix}$$

$$= \frac{1}{8}(b-a)^3$$

導出的兩個阿氏三角形，「建基」已打對折，故體積成了 1/8，但有兩個，所以，共是 $\triangle ABC$ 的 1/4 倍，以下依此類推。所以我們得到無窮等比級數：

$$\frac{1}{8}(b-a)^3 \left\{ 1 + \frac{1}{4} + \frac{1}{4^2} + \cdots \right\}$$

$$= \frac{1}{8}(b-a)^3 / (1 - \frac{1}{4}) = \frac{1}{6}(b-a)^3$$

問題 1　在弧 AB 以下，x 軸以上，這一段面積 $A'ABB'$ 為何？

（如圖中，點上虛點者）

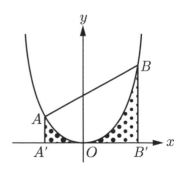

梯形 $AA'B'B = \dfrac{1}{2}(A'A + B'B)A'B'$

$$= \dfrac{1}{2}(a^2 + b^2)(b - a)$$

所以，

所求之面積 $= \dfrac{-1}{6}(b - a)^3$

$$+ \dfrac{1}{2}(a^2 + b^2)(b - a)$$

$$= (b - a)(\dfrac{a^2 + b^2 + ab}{3}) = \dfrac{1}{3}(b^3 - a^3)$$

註：ab 是 a^2 與 b^2 的幾何平均，(如果 a, $b > 0$)，而 $\dfrac{a^2 + b^2 + ab}{3}$ 叫做 a^2 與 b^2 的 Hero 平均！

6-3 橢 圓

例題 1 $4x^2 + 9y^2 = 36$，求 y：

$$9y^2 = 36 - 4x^2$$

$$y^2 = \dfrac{36 - 4x^2}{9}$$

$$y = \pm\dfrac{2\sqrt{9 - x^2}}{3}$$

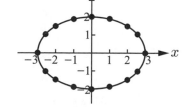

(1)試完成下述的表格，且

(2)繪其圖形：

x	-3	-2.5	-2	-1	0	1	2	2.5	3
y	0	± 1.1							

　　圖形稱為橢圓（有時亦稱為卵形線），任何具有 $b^2x^2 + a^2y^2 = c^2$ 形式的方程式，其圖形為一橢圓。若 $a = b$，則為正圓。

（我們的用詞是：正方形為長方形之特例，長方形為平行四邊形之特例，後者又為梯形之特例。）在 $b \ne a$ 時，將會有一點兒「橢」；不正！

例題 2　試將下列各橢圓描繪於同一坐標系中。

　　(1) $x^2 + 4y^2 = 4$，(2) $9x^2 + y^2 = 25$，(3) $2x^2 + 3y^2 = 12$。

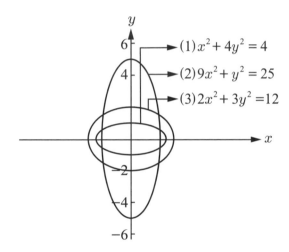

橢圓的標準形式是 $\dfrac{x^2}{a^2} + \dfrac{y^2}{b^2} = 1$, $a \ge b > 0$。

它是從圓 $x^2 + y^2 = a^2$「壓縮」而來的：

用壓縮比 b / a，把圓上的點 (x, y) 改到點 (X, Y)，

$$Y = y(\frac{b}{a}), \text{ 而 } X = x$$

那麼

$$\frac{X^2}{a^2} + \frac{Y^2}{b^2} = 1$$

另外一個重要的性質是：橢圓上的任意一點 $P(x, y)$，與兩個焦點 $F_{\pm} = (\pm\sqrt{a^2 - b^2}, 0)$ 的距離之和永遠是常數：

$$\overline{F_+P} + \overline{F_-P} = 2a \tag{1}$$

橢圓的重要性之一，就是 Kepler 的第一定律：行星繞太陽的軌道（幾乎）是個橢圓，以太陽占據一個焦點！

例題 3 圖解 $y^2 + 4x^2 < 36$

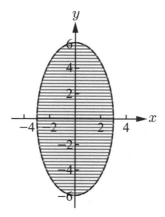

例題 4 試運用圖形求下組的解：

$$\begin{cases} x^2 + 4y^2 = 25 \\ 3x - 2y = 5 \end{cases}$$

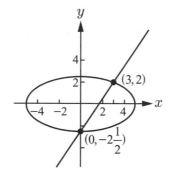

6-4　雙曲線

例題 1　圖解 $4y^2 = x^2 - 25$

今
$$y^2 = \frac{x^2 - 25}{4}$$

$$y = \frac{\pm \sqrt{x^2 - 25}}{2}$$

試完成下述的表格：

x	-5	-6	-7	-8	-9	5	6	7	8	9
y										

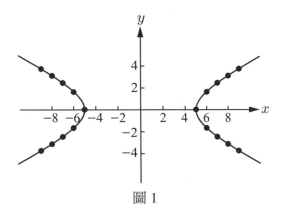

圖 1

曲線含有二個部分，而此二個部分之開口相背。

任何如方程式 $b^2x^2 - a^2y^2 = c^2$ 或 $-c^2$ 之形式的圖形均如此。

　　從此取名，把某類曲線稱做雙曲線。

　　在此例，x 軸上截距為 ± 5，y 軸上無截距。

[問題 1] 下列各雙曲線之 x 與 y 截距為何?

	x 截距	y 截距
例　$3x^2 - y^2 = 12$	$(2, 0)$ $(-2, 0)$	無
(1)　$x^2 - 4y^2 = 16$	(a) _____	(b) _____
(2)　$5x^2 - 10y^2 = -50$	(a) _____	(b) _____
(3)　$y^2 - x^2 = 25$	(a) _____	(b) _____
(4)　$4y^2 - 3x^2 = -24$	(a) _____	(b) _____

讓我們再觀察 $x^2 - 4y^2 = 25$。如果我們使用 $x^2 - 4y^2 = 0$,

則
$$(x - 2y)(x + 2y) = 0$$
$$x - 2y = 0 \text{ 且 } x + 2y = 0$$

當雙曲線的點離原點愈來愈遠時, 則此雙曲線離二直線 $x - 2y = 0$ 與 $x + 2y = 0$ 愈來愈近 (但並不接觸), 此種直線稱為此雙曲線之漸近線。(見圖 2)

證明　雙曲線上之點 $P(x, y)$ 滿足了 $x^2 - 4y^2 = 25$。

當然不在直線 $\ell_{\pm}: x \mp 2y = 0$ 之上, 後者取法式,

呈 $\dfrac{x \mp 2y}{\sqrt{5}} = 0$ 之形, 故 P 與直線之距為 $d(P, \ell_{\pm}) = \dfrac{x \mp 2y}{\sqrt{5}}$;

已知 $x^2 - 4y^2 = 25$, 故 $\dfrac{(x \mp 2y)}{\sqrt{5}} = \dfrac{5\sqrt{5}}{x \pm 2y}$。

P 在 $\begin{cases} \text{第 1 或 3 象限時, 取 + 號,} \\ \text{第 2 或 4 象限時, 取 - 號。} \end{cases}$

因 $|x| \to \infty$, 所以 $d(P, \ell_{\pm}) \to 0$。

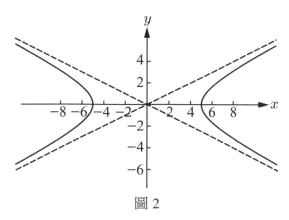

圖 2

問題2　(1)試求 $y^2 - 9x^2 = 25$ 的截距與(2)其漸近線。(3)繪其曲線。

雙曲線 $\dfrac{x^2}{a^2} - \dfrac{y^2}{b^2} = 1$ $(a > 0,\ b > 0)$，只是 b^2 變號「而已」，但是形狀差那麼多！ 它也很重要，例如，α 粒子穿過原子，軌道就差不多如此。(以原子核為焦點)

雙曲線的焦點為 $F_{\pm} = (\pm\sqrt{a^2 + b^2},\ 0)$，而曲線上動點 P 到焦點距離之差為常數 $2a = |\overline{F_+P} - \overline{F_-P}|$。

雙曲線與橢圓合稱有心二次錐線，基本上，三者窮盡了二次曲線的可能性。

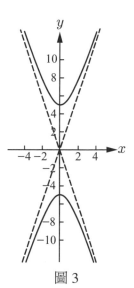

圖 3

例題 2 圖解 $xy = 6$。

x	-12	-6	-3	-2	-1	$-\dfrac{1}{2}$	$\dfrac{1}{2}$	1	2	3	6	12
y												

今 $y = \dfrac{6}{x}$，(1)試完成上述表格，且(2)繪其圖形。

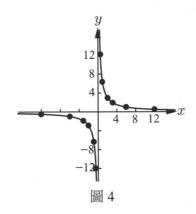

圖 4

問題 3 試繪 $xy = -8$ 的圖形。

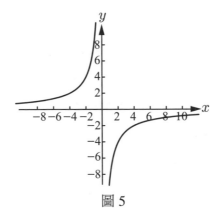

圖 5

等軸雙曲線 $xy = k^2$ $(k > 0)$ 之焦點為 $F_{\pm} = (\pm\sqrt{2}k, \pm\sqrt{2}k)$。

例題 3 圖解 $xy > 4$，此處 $-8 \leq x \leq 8$。

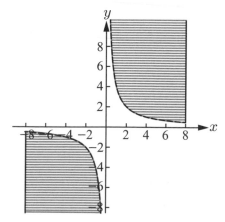

問題 4 圖解 $y^2 < 4x^2 + 9$，此處 $-4 \leq x \leq 4$。

例題 4 試運用圖形求下組的解：

$$\begin{cases} xy = 6 \\ 2x - y = -1 \end{cases}$$

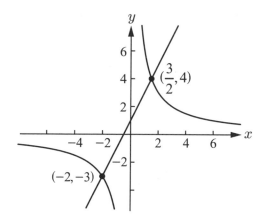

例題 5 $\dfrac{x^2}{a^2} - \dfrac{y^2}{b^2} = 0$，本身是兩條直線（之聯集），$\dfrac{x}{a} = \pm\dfrac{y}{b}$，這當然

可以認為是雙曲線 $\dfrac{x^2}{a^2} - \dfrac{y^2}{b^2} = t^2$ 在 t 趨近零時的極限！

（後者是 $\dfrac{x^2}{(a/t)^2} - \dfrac{y^2}{(b/t)^2} = 1$）

我們說兩條相交直線（之聯集）為退化的雙曲線。

問題 5 試求二次方程式

$$ax^2 + 2bxy + cy^2 + 2dx + 2ey + f = 0$$

為退化雙曲線的條件！

二次錐線雜例

例題 6 試繪下組方程式的圖形，並標明其解：

$$\begin{cases} y = x^2 + x - 7 \\ y^2 - x^2 = 16 \end{cases}$$

附註：因為有些解為無理數，須得小心。

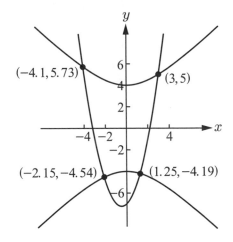

例題 7 試繪下組方程式的圖形，並標明其解。

$$\begin{cases} x^2 + y^2 = 25 \\ x^2 + 2y^2 = 34 \end{cases}$$

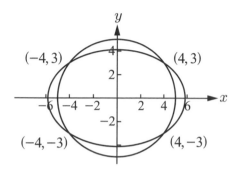

問題 6 試繪下組方程式的圖形，並標明其解。

$$\begin{cases} x^2 - y^2 = 4 \\ 2x^2 + y^2 = 11 \end{cases}$$

例題 8 試以 ///////// 表明 $x^2 + y^2 < 9$ 的解，而以 \\\\\\\\\ 表明 $4x^2 + y^2 < 25$ 的解，並塗黑上述二個不等式的共同解。

解

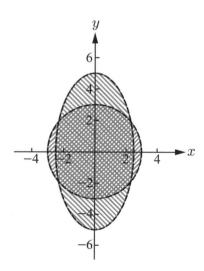

例題 9 解下組不等式：

$$\begin{cases} x^2 + y^2 > 16 \\ 4x^2 + y^2 < 25 \end{cases}$$

解 先繪出 $x^2 + y^2 = 16$ 與 $4x^2 + y^2 = 25$ 的圖形。然後以 ////////// 表明 $x^2 + y^2 > 16$，而以 \\\\\\\\\\ 表明 $4x^2 + y^2 < 25$。線相交之區域即為所求的解。

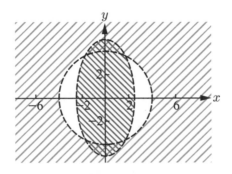

問題 7 求下組不等式之共同解！

$$\begin{cases} x^2 - y^2 > 4 \\ xy < 4 \end{cases}$$

例題 10 求下列二方程式的交點並繪圖。

(1) $x^2 + 4y^2 = 4$，(2) $x^2 - y^2 = 1$。

解 (1)式之截距為 $(\pm 2, 0)$, $(0, \pm 1)$, 曲線以 $-2 \le x \le 2$, $-1 \le y \le 1$ 為界線，並對稱于兩軸及原點，曲線為一封閉曲線並無漸近線。描繪數點，即現出一卵形之圖（橢圓）。

(2)式之截距為 $(\pm 1, 0)$，因為 $-1 < x < 1$，y 為複數，故圖形不在此區之內。在另一方面，因 x 能自 $-\infty$ 至 -1，又自 $+1$ 至 $+\infty$，故圖形有兩枝，同時對稱於兩軸及原點，它有兩條漸近線，如圖所示（曲線是雙曲線）。

由(2)式得 $x^2 = 1 + y^2$，將它代入(1)式

得 $1 + y^2 + 4y^2 = 4$

$5y^2 = 3$

$y = \pm\sqrt{\dfrac{3}{5}}$

將 y 之值代入(2)式

得 $x^2 = 1 + y^2$

$x^2 = 1 + y^2 = \dfrac{5}{8}$

$x = \pm\sqrt{\dfrac{8}{5}} = \pm 2\sqrt{\dfrac{2}{5}}$

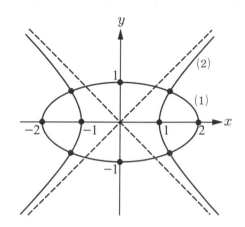

因此上式之交點有四：

$(2\sqrt{\dfrac{2}{5}}, \sqrt{\dfrac{3}{5}}), (2\sqrt{\dfrac{2}{5}}, -\sqrt{\dfrac{3}{5}}), (-2\sqrt{\dfrac{2}{5}}, \sqrt{\dfrac{3}{5}}), (-2\sqrt{\dfrac{2}{5}}, -\sqrt{\dfrac{3}{5}})$

習 題

求下列各曲線之交點並繪圖：

1.(1) $x^2 + y^2 = 1$ (2) $2x - 2y = 1$

2.(1) $y = x^2$ (2) $2x - y - 1 = 0$

3.(1) $y^2 = x^3$ (2) $x = 2$

4.(1) $y^2 = x$ (2) $y^2 = 1 - x$

5.(1) $y^2 = x$ (2) $x^2 = y$

6–5 描圖法: 範圍、對稱

一個很實際的問題是: 給我們一個明確的關係式 $f(x, y) = 0$, 如何描繪它的圖形?

辦法就是「逐點描圖」: 找到許多點 (x_i, y_i), $i = 1, 2, \cdots\cdots n$, 使得 $f(x_i, y_i) = 0$。

那麼, 連結這些點, 就得到所要的圖形了。(誤差當然免不了)

實用的問題, 牽涉到「勞力」。該如何著手, 才可以減輕勞力, 卻又不會誤事?

如果能夠化成 $y = \phi(x)$ (或者 $x = \phi(y)$) 的形式, 計算起來通常容易些: 選些 x_i 再由之算出 $y_i = \phi(x_i)$ 就好了! 這在計算機 (電腦) 是很容易的。這種圖形是「函數之圖形」, (一個 x 只有一個 y) 如果不能化成這個形式, 通常麻煩些, 因為, 給了 x_i, 就先要求解方程式 $f(x_i, y) = 0$ 中的 y。(其中 $x_i = 0$ 時, y 是「y 軸上的截距」, 同理定義 x 軸上的截距。)

例題 1　$x^2 + y^2 - 6x - 4y - 12 = 0$ 之圖形為何?

此時　$y^2 - 4y + (x^2 - 6x - 12) = 0$, 故

$$y = 2 \pm \sqrt{16 + 6x - x^2}$$

所以有 $16 + 6x - x^2 \geq 0$ 的限制。

也就是有 $-2 \leq x \leq 8$ 的限制。在這範圍內, 當 $-2 < x < 8$ 時, y 都有兩個根, 因此在這範圍內, x 與 y 之關係並不是很單純的函數關係。

逐點描繪, 則先計算出?

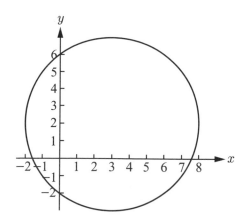

哈！這一題我們不該這麼死板！其實這是圓的方程式：

$$(x-3)^2 + (y-2)^2 = 5^2$$

在我們這課程中，我們要學到一些描圖的技巧，

此地我們只先提一些要點：

(1)範圍：如上例，有時可從式子看出圖形必須在某個範圍內。

(2)對稱性：（例如說）

(a)在關係式 $f(x, y) = 0$ 中，用 $(-x)$ 代替 x，結果相同，那就表示：當一點 $(x, y) = P$ 在圖形上時，$P' = (-x, y)$ 也就在圖形上，這表示此圖形對於 y 軸是對稱的。

(b)(你說說看！)

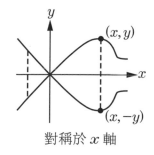

對稱於 x 軸

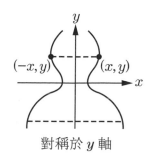

對稱於 y 軸

(c)若是 $f(x, y) = 0$ 中，x, y 相交換，結果相同。這就表示：當 $P = (x, y)$ 在圖形上時，$P' = (y, x)$ 也就在圖形上，換句話說：此圖形對於直線 $x = y$ 是對稱的。

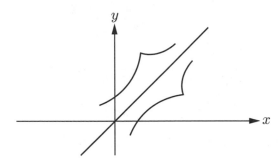

(d)若 (x, y) 同時變號時方程式不變，則圖形對稱於原點。

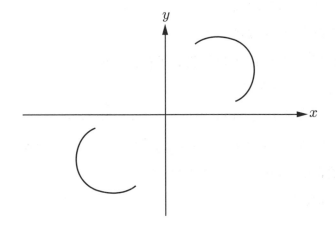

例題 2 討論方程式 $x^2 + 4y^2 = 4$ 的圖形:

(1)截距: 令 $y = 0$, 則 $x = \pm 2$, 故圖形在 x 軸上的截距為 ± 2,

令 $x = 0$, 則 $y = \pm 1$, 故圖形在 y 軸上的截距為 ± 1。

(2)對稱: 因各項均為偶次, 故圖形對稱於原點,

也對稱於 x 軸及 y 軸。

(3)範圍: $y = \pm \dfrac{1}{2}\sqrt{4 - x^2}$, 故 x 的值限於 $-2 \le x \le 2$,

$x = \pm 2\sqrt{y^2 - 1}$, 故 y 的值限於 $-1 \le y \le 1$。

(4)在第一象限中, 描繪圖形的若干點,

得到 6-3 例題 2 (1)之圖。

例題 3 討論方程式 $y^2 = x(x-1)(x+3)$ 圖形的範圍。

解 首先要注意的是 x 有兩個 y 值, 即 $+y$ 及 $-y$, 因方程式的左邊常為正, 故右邊必須為正, 由此可知圖形沒有一部分是在 $x < -3$, 及 $0 < x < 1$ 的範圍內。當 $x \to +\infty$ 時,(讀作「x 趨近於無窮大」),從方程式中, 即直接看出 $y \to \pm\infty$。

吾人很難在 $-3 < x < 0$ 的間隙中決定 y 的範圍。但因 $x = -3$ 及 $x = 0$ 時, y 為 0, 而在 $-3 < x < 0$ 間隙中, 無 x 之值可使 y 變成無窮大, 故 y 之範圍應在其最大及最小值間。

例題 4 試作方程式 $x^2 + y^2 = |x+y| + |x-y|$ 的圖形, 並求此曲線所圍區域的面積。(注意對稱性!)

解 x 改為 $-x$，或 y 改為 $-y$，或 x, y 對換都不變！所以只要討論第一象限中，$x > y$ 的部分。（x 軸之上到 45° 角線 $x = y$ 為止的部分！）這時，$x^2 + y^2 = x + y + x - y$ 即 $x^2 + y^2 - 2x = 0$。

$(x-1)^2 + y^2 = 1$，但在 $x \geq y > 0$ 的條件下，必須 $1 \leq x \leq 2$，$y = \sqrt{1-(x-1)^2}$，即 $(1, 0)$ 為心，半徑為 1 的圓的八分之一而已！然後以對稱法做完它！（這是以 $(\pm 1, 0)$ 及 $(0, \pm 1)$ 為心，1 為半徑，向外作半圓，四個半圓之聯集！圍成 $(4 + \pi)$ 之面積！）

1. 求 $y = x^2 - 3x + 2$ 的截距。

2. 討論 $y = x^2 - 3x + 2$ 的圖形，有何範圍。

3. 討論 $F(x, y) \equiv x^2 - x + y^4 - 2y^2 - 6 = 0$ 的對稱情形。

4. 討論 (1) $y^2 = x(x-1)(x+3)$，（例題 3）

　　　(2) $F(x, y) \equiv x^2 - y^2 - 3 = 0$，

　　　(3) $G(x, y) \equiv xy - 1 = 0$，的對稱情形。

例題 5 求焦點 F，準線 ℓ，使拋物線 $y = ax^2 + bx + c$ 上的動點均有 $\overline{PF} = d(P, \ell)$。

解 由於 $y = a(x - \dfrac{-b}{2a})^2 + \dfrac{b^2 - 4ac}{-4a}$

與軸 $x = \dfrac{-b}{2a}$ 對稱，故 F 在軸上，且 ℓ 與軸垂直，

可設 $F = (\dfrac{-b}{2a}, h), \ell : y = k$

$$(y - h)^2 + (x + \dfrac{b}{2a})^2 = (y - k)^2$$

即 $(2y - h - k)(h - k) = (x + \dfrac{b}{2a})^2$

與 $y - \dfrac{b^2 - 4ac}{-4a} = a(x + \dfrac{b}{2a})^2$ 相同

$$\dfrac{1}{2a} = (h - k), \ \dfrac{h + k}{a} = \dfrac{b^2 - 4ac}{-2a}$$

(故對稱性可以簡化計算！參看 6–1，例題 7)

6-6 描圖法：漸近線

現在讓我們再來看下面兩個例子，例題 1 的方程式可用描點的方法作出其圖形，但是例題 2 用描點的方法卻會產生很大的誤差。

例題 1 求作方程式 $y = \dfrac{1}{1 + x^2}$ 的問題。

解 由方程式，我們可以作出下列的表：

x	……	0	1	2	3
y	……	1	$\dfrac{1}{2}$	$\dfrac{1}{5}$	$\dfrac{1}{10}$

描點作圖如下，（注意到對 y 軸對稱！）

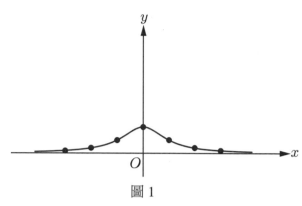

圖 1

例題 2 求作方程式 $y = \dfrac{1}{(3x^2 - 1)^2}$ 的圖形。

解 由方程式，我們可以作出下列的表：（注意到對 y 軸對稱）

x	……	0	1	2	3	……
y	……	1	$\dfrac{1}{4}$	$\dfrac{1}{121}$	$\dfrac{1}{676}$	……

描點作圖如下：（圖 2）

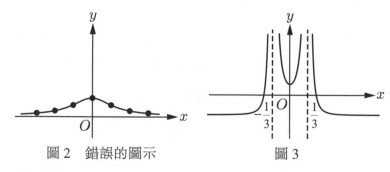

圖 2　錯誤的圖示　　　　圖 3

這個圖與圖 1 非常相像。但是這個圖是不正確的，例如當 $x = 0.5$ 時，$y = 16$，這顯然與圖形相差極大！（正確的圖如圖 3）

這就是為什麼「我們不能依賴機械式的描圖，而需要了解一些函數與圖形間的一般關係」的原因。

漸近線

某些曲線可在某一方向趨於無窮遠，如果其方向能夠決定，對曲線的描繪將有很大的助益。

所謂漸近線，是某一直線，當曲線沿此方向趨向無窮遠時，曲線上的點與此直線之距離趨近於 0 者。（你在 6-4 已學過一些）我們將假定你的「良知良能」，不再詳細解說「趨近」之意。

現在從一個例子談起：

例題 3 求 $y = \dfrac{x(x-1)}{x+2}$ 之漸近線。

分母趨近 0 時，分子趨近一個非零常數，而分數本身就趨近 ∞！事實上，若 x 趨近 -2，可從左邊，也可以從右邊，於是 $x+2$ 可為負，也可為正；但分子則趨近 $(-2)(-3) = 6$。故在 x 小於 -2 而趨近 -2 時，y 越來越向下，而趨近 $(-\infty)$；x 大於 -2 而 $\rightarrow (-2)$，則 y 向上趨近 $+\infty$；$x = -2$ 是個漸近線，叫做垂直漸近線。

同樣地討論水平漸近線，應該是問：

「是否有 $x \rightarrow +\infty$（或 $-\infty$），而 $y \rightarrow$ 常數」？

此地答案否定！故無平行漸近線。

事實上，可以進行除法，得到

$$y = \frac{x^2 - x}{x+2} = (x-3) + \frac{6}{x+2}$$

當 $|x| \to \infty$ 時，$\dfrac{6}{x+2} \to 0$，

故 $[y-(x-3)] \to 0$，於是：$y = x - 3$ 是個漸近線！

(P 在曲線上，則 $y = (x-3) + \dfrac{6}{x+2}$，$P = (x, y)$，

於是 P 與直線：$\dfrac{y-x+3}{\sqrt{2}} = 0$ 之距離為 $\dfrac{6}{x+2} / \sqrt{2}$，$\to 0$，當 $|x| \to \infty$)

習 題

1. 求 $y = \dfrac{x(x-1)}{x+2}$ 的截距，討論曲線的範圍及對稱情形，並繪圖。

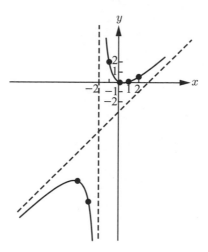

我們再總結一下：

⑴通過 $(a, 0)$ 而平行於 y 軸的直線 L_1，若當 $x \to a$，$|y| \to \infty$ 時，則 L_1 稱為垂直漸近線。它可寫成：

若 $\lim\limits_{x \to a} f(x) = \pm\infty$，$x = a$ 為垂直漸近線。

(2)通過 $(0, b)$ 而平行於 x 軸的直線 L_2，若當 $y \to b$, $|x| \to \infty$ 時，則 L_2 稱為水平漸近線。它可寫成：

若 $\lim\limits_{y \to b} g(y) = \pm\infty$，$y = b$ 為水平漸近線。

一條曲線可有數個不同的漸近線，而其方向不一定平行於軸，如圖 L_3 所示。

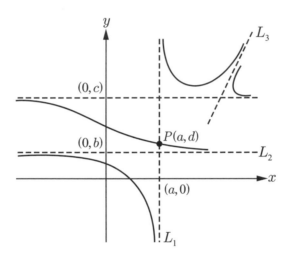

若能得到 $[y - (mx + b)] \to 0$

當 $x \to +\infty$（或 $-\infty$），則曲線趨於無窮遠的一枝，與 $y = mx + b$ 無限相近，此直線稱為曲線的斜漸近線。

有了以上這些工具，我們通常就可以應付許多圖解問題了，底下我們舉一些例子。

例題 4 分析 $y = f(x) = \dfrac{(x+1)(x-3)}{x^2 - 4}$，並繪圖。

解 將 x 作為 y 之函數解之，得 $(1)\ x^2(y-1)+(3-4y)=0$

由上式得 $(2)\ x=g(y)=\dfrac{-1\pm\sqrt{4y^2-7y+4}}{y-1}$

根號內，判別式為負，故 $4y^2-7y+4$ 恆為正，y 無限制!

(1)截距: x 截距為 $(-1,\ 0)$ 及 $(3,\ 0)$。

當 $x=0$ 時，$y=\dfrac{3}{4}$，故 y 截距為 $(0,\ \dfrac{3}{4})$。

(2)曲線之範圍: 因為 x 及 y 能自 $-\infty$ 至 $+\infty$，

故圖形不以平面之有限部分為限。

(3)對稱: 曲線對於軸及原點均不對稱。

(4)漸近線: $f(x)$ 的分母為 x^2-4，令它等於 0，

即得垂直漸近線，$x=2$ 及 $x=-2$。

另外，$x\to\infty$，

則 $y=\dfrac{x^2-2x-3}{x^2-4}=\dfrac{1-\dfrac{2}{x}-\dfrac{3}{x^2}}{1-\dfrac{4}{x^2}}\to 1$，有水平漸近線 $y=1$。

並無斜漸近線（不會有 $x\to\pm\infty$, $y/x=m$ 者）。

要清楚趨近之情形，宜注意六種情形:

$$\begin{cases} x\to 2,\ \text{但}\ x<2,\ y\to+\infty \\ x\to 2,\ \text{但}\ x>2,\ y\to-\infty \\ x\to-2,\ \text{但}\ x<-2,\ y\to+\infty \\ x\to-2,\ \text{但}\ x>-2,\ y\to-\infty \\ y\to 1,\ x\to+\infty,\ \text{但}\ y<1 \\ x\to-\infty,\ y\to 1,\ \text{但}\ y>1 \end{cases}$$

然後算出若干點之坐標，如：$(4, \frac{5}{12})$, $(1, \frac{4}{3})$, $(-3, \frac{12}{5})$, $(-4, \frac{21}{12})$，

則能很容易地繪出其圖形，如圖。

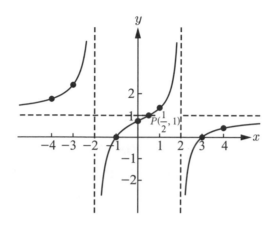

習 題

畫下列各曲線：

1. $y^2 = x^3$

2. $y = x^4$

3. $y = (x+1)(x+2)(x+3)$

4. $y = \dfrac{x(x-2)}{x+3}$

5. $y^2 = x(x^2 - 4)$

6. $x^2 + y^2 = x^3$

6-7　軌　跡

問題：求依照某規定法則移動之點之軌跡。軌跡的尋求，其含義即為求軌跡的方程式，並分析、繪圖；假如可能的話，兼作鑑別。

在我們未對某些標準曲線作系統的研究之前，我們不能從事很多軌跡問題的研究，此地僅能列舉一些簡單的例子。

例題 1 求與兩定點 $A(1, 2)$, $B(-1, 0)$ 之距離恆等的動點的軌跡。

解 我們用觀察法，在平面中選一能適合本問題各條件的 P 點，並設 P 點之坐標為 (x, y)，則任何關於變數 x, y 的關係，必含於軌跡方程式中。

由兩點間之距離方程式，可寫成：

⑴ $\sqrt{(x-1)^2+(y-2)^2}=\sqrt{(x+1)^2+y^2}$

此即為軌跡方程式，茲將方程式的兩邊平方之，使其有理化，得 $x^2-2x+1+y^2-4y+4=x^2+2x+2y+1+y^2$。

上式可變為：

⑵ $x+y-1=0$

由平面幾何，可知軌跡為 AB 之中垂線。

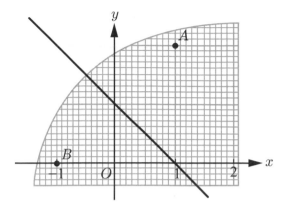

例題 2 求與 x 軸之距離恆為至 y 軸距離之兩倍的動點的軌跡。

解 設 $P(x, y)$ 為軌跡上任意一點，當距離為正數時，則問題的條件

包括 $y = 2x$ 及 $y = -2x$。因此，軌跡方程式必須包括此二方程式，

即：

$$(y - 2x)(y + 2x) = 0$$

或 $$y^2 - 4x^2 = 0$$

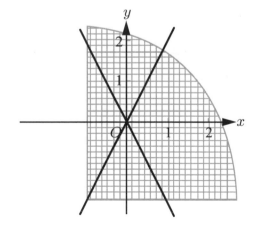

例題 3 動線段 AB 的長度為 L，A, B 兩點恆分別在 x 及 y 軸上，求
　　　　　AB 中點之軌跡。

解 設中點之坐標為 $P(x, y)$，則 A, B 之坐標為 $A(2x, 0), B(0, 2y)$，
　　根據畢氏定理，得

$$(2x)^2 + (2y)^2 = L^2 \text{ 或 } x^2 + y^2 = (\frac{L}{2})^2,$$

故軌跡為以原點為圓心，半徑為 $L/2$ 的圓周。

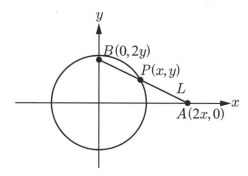

例題 4 一動圓通過 $A(2, 0)$ 並恆與直線 $x = -2$ 相切，
　　　　　求該圓中心之軌跡。

解 設中心為 $P(x, y)$，畫直線 $x = -2$ 之垂直線 PB，
　　則 $\overline{PA} = \overline{PB}$，因此：

$$\sqrt{(x-2)^2 + y^2} = x + 2$$

上式兩邊平方並化簡之，得所求之軌跡為：

$$y^2 = 8x$$

曲線通過 $(0, 0)$，在平面的右半邊，對稱於 x 軸。

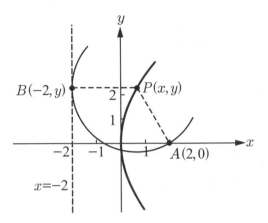

習 題

1. 一動點的縱坐標與橫坐標的積為常數 k，求 P 點之軌跡。

2. 有 $A(0, 1)$, $B(2, 5)$ 兩定點，若 $\overline{AB}$ 的斜率等於 $\overline{BP}$ 的斜率，求 P 點之軌跡。

3. 一動點至兩定點 $F(4, 0)$, $F'(-4, 0)$ 距離之和為 10 個單位，求該動點的軌跡。

4. 直角的斜邊為聯結 $(0, 0)$, $(4, 0)$ 的線段，求第三頂點的軌跡。

5. 動點與兩定點距離之差為常數，求軌跡。

6. 動點 P 與一定點 F 之距離，恆等於它與一定直線 ℓ 之距離，求軌跡。

7. 承上題，改為有定比 $\overline{PF} / d(P, \ell) = e$。

7 向量的介紹

7–1 定義及表現

有方向（「向」）以及大小（「量」）的物理量叫做「向量」，（簡稱「矢」）例如：速度、加速度、動量、磁場、電場，以及「力」，其實，「力」是最最典型的向量；底下你可以把「向量」都具體地想像為「力」。

向量的運算最重要的是「加法」，這個加法，將出現「大小一樣」的兩力，結果可以是 0，可以是兩倍大小，也可以是任何介乎其間的「力」，這就是向量與一般的數量（叫做「標量」）最大的不同。

首先說明如何用幾何方式表現一個向量。我們總是用有向線段 $\overrightarrow{PQ}$ 表示一個向量 F。所謂有向線段，$\overrightarrow{PQ}$，是指：平面上的兩點 P, Q，指定一點，如 P，為起點，另一如 Q 為終點，所得的概念。如果 P, Q 互異，則「自 P 到 Q」就決定了平面上的一個方向，而 $\overrightarrow{PQ}$ 之長就代表了大小，這就可以用 $\overrightarrow{PQ}$ 來代表一個向量 F 了。（當然，若 F 是零向量，則 $P = Q$，嚴格說來 F 就無方向可言了！）所以一個向量 F，可以用許多的有向線段 $\overrightarrow{PQ}, \overrightarrow{P'Q'}$……來代表。但是這些 $\overrightarrow{PQ}, \overrightarrow{P'Q'}$ ……長度必須相同，方向也必須相同，即它們都是平行的。所以「向量就是可以自由平移的有向線段」，平移時，不可以轉動，平平地移，那就仍然代表同一個線段。我們也可以說「向量就是不固著（起點）的有向線段」。我們經常寫 $F = \overrightarrow{PQ}$。嚴格說來，這不是「F 等於有向線段 $\overrightarrow{PQ}$」，而是「F 可用 $\overrightarrow{PQ}$ 代表」，而如上所說，$\overrightarrow{PQ} = \|F\|$。

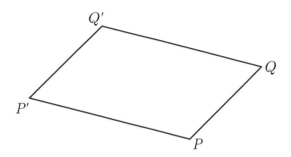

7-2　線性運算、成分

　　現在我們考慮向量 F_1 與 F_2 的加法，這可以用它們的代表線段來解釋：用相同起點的有向線段 $\overrightarrow{AB}$，及 $\overrightarrow{AD}$ 分別代表 F_1, F_2，然後作出平行四邊形，$\square ABCD$，我們規定「$\overrightarrow{AC}$ 代表了 F_1+F_2」，這就是平行四邊形定律。

　　我們可以拿一個向量 F 來和一個標量 a 相乘：若 $\overrightarrow{AB}$ 代表了 F，而 $a>0$，我們在 $\overrightarrow{AB}$ 或延長線上取一點 C，使 $\overrightarrow{AC}=a\cdot\overrightarrow{AB}$，那麼就規定 $\overrightarrow{AC}$ 代表了 aF。

　　若 $a<0$ 呢，在反向 $\overrightarrow{BA}$ 或延長線上，取一點 C，使 $\overrightarrow{CA}=|a|\overrightarrow{AB}$，則規定 $\overrightarrow{AC}$ 代表了 aF。

　　大概大家「不難驗證」出這樣子定義加法及標量係數乘法，很符合我們的要求，例如：

$$\begin{cases} F_1+(F_2+F_3)=(F_1+F_2)+F_3 \\ (a_1a_2)F=a_1(a_2F) \\ (a_1+a_2)F=a_1F+a_2F \\ a(F_1+F_2)=aF_1+aF_2 \\ 0F=0=a\cdot 0 \end{cases}$$

問：如何定義 $F_1 - F_2$？

答：$F_1 + (-1) \cdot F_2$

成　分

假設我們在平面上取定了坐標系，而 $\overrightarrow{PQ}$ 及 $\overrightarrow{P'Q'}$ 都同樣代表向量 F。那麼 $PQQ'P'$ 成為平行四邊形，於是，若各點坐標為 $P(x_0, y_0)$，$Q(x_1, y_1)$，$P'(x_0', y_0')$，$Q'(x_1', y_1')$ 就有

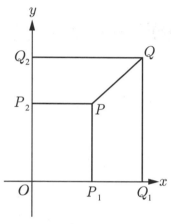

$$\begin{cases} x_1 - x_0 = x_1' - x_0' \\ y_1 - y_0 = y_1' - y_0' \end{cases}$$

如果 P，Q 兩點投影到 Ox，Oy 兩軸時分別得到如圖各點，

則 $P_1 = (x_0, 0)$，$Q_1 = (x_1, 0)$，

坐標差為 $x_1 - x_0$。

又 $P_2 = (0, y_0)$，$Q_2 = (0, y_1)$，

坐標差為 $y_1 - y_0$。

我們說：向量 F 之 x 成分為 $x_1 - x_0$，y 成分為 $y_1 - y_0$；（即 Δx，Δy）（換用 $\overrightarrow{P'Q'}$ 來代表時結果相同！）事實上，當然有 $\overrightarrow{PQ} = \overrightarrow{P_1Q_1} + \overrightarrow{P_2Q_2}$。$\overrightarrow{P_1Q_1}$（所代表之向量）為 $\overrightarrow{PQ}$ 之 x 向分向量，同理有 y 向分向量 $\overrightarrow{P_2Q_2}$。

7-3 向徑與幾何

一般地說，我們對一個向量 F，最常用的代表的有向線段是用原點為起點的，這叫做向徑；如果 $\overrightarrow{OP}$ 代表了 F，而 $P = (x, y)$，則 F 的成分為 x, y，我們就寫 $F = [x, y]$，——這只是 $F = \overrightarrow{OP}$ 的意思，那麼我們就知道：

向量的加法就是各對應成分相加，係數乘法也如此！

用這種算術的眼光，則向量的計算就容易了。

我們把 x 軸及 y 軸方向上的「單位向量」記成 i, j，即 $i = [1, 0]$，$j = [0, 1]$，則 $[x, y] = xi + yj$，xi 及 yj 分別是 $[x, y]$ 的分向量。

每一點 $P = (x, y)$ 都恰好和一個向量，即向徑 $\overrightarrow{OP} = ix + jy$ 相對應——只要取定坐標系！於是前此談過的平直組合，現在就可以改用向量的組合來敘述，這樣並無新內容，只是用向量較自然：向量的組合，當然可以化成成分的組合。

定理 「三點 P, Q, R 共線」之條件為：對於任一點 A，$\overrightarrow{AR}$ 是 $\overrightarrow{AP}$ 與 $\overrightarrow{AQ}$ 之平直組合。

你試著證明看看！

例題 1 Menelaus 定理

在 $\triangle ABC$ 之三邊（延長之直線）上各取一點 P, Q, R，則三點共線之條件為：

$$\frac{\overline{BP}}{\overline{CP}} \cdot \frac{\overline{CQ}}{\overline{AQ}} \cdot \frac{\overline{AR}}{\overline{BR}} = 1$$

設 $\overrightarrow{AB} = u$, $\overrightarrow{AC} = v$ (這等於取 A 為原點!) 則有三個割比

$$\overline{BP} : \overline{PC} = \ell, \ \overline{CQ} : \overline{QA} = m, \ \overline{AR} : \overline{RB} = n$$

從而 $\overrightarrow{AP} = (\ell v + u)/(\ell + 1)$

$$\overrightarrow{AQ} = \frac{1}{m+1}v$$

$$\overrightarrow{AR} = \frac{n}{n+1}u$$

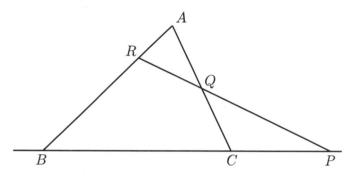

而「P, Q, R 共線」之條件為:

$$\overrightarrow{AP} \text{ 是 } \overrightarrow{AQ} \text{ 與 } \overrightarrow{AR} \text{ 之「平直組合」}$$

這就是 $(\frac{\ell}{\ell+1})v + (\frac{1}{\ell+1})u = \alpha(\frac{1}{m+1}v) + \beta(\frac{n}{n+1}u)$,

其中 $\alpha + \beta = 1$。換言之:

$$\alpha = \frac{\frac{1}{\ell+1}}{\frac{1}{m+1}}, \ \beta = \frac{\frac{1}{\ell+1}}{\frac{n}{n+1}}$$

之和為 1,也就是說:

$$(\ell + 1) = \ell(m+1) + \frac{n+1}{n}$$

$$0 = \ell m + \frac{1}{n}, \ \text{即 } \ell m n = -1$$

例題 2 Ceva 定理

在 △ABC 之三邊上各取一點 P, Q, R，則三線 $\overline{AP}, \overline{BQ}, \overline{CR}$
共點之條件為

$$\frac{\overline{BP}}{\overline{PC}} \cdot \frac{\overline{CQ}}{\overline{QA}} \cdot \frac{\overline{AR}}{\overline{RB}} = 1$$

證明 取 BQ, CR 之交點為 0，

$$\overrightarrow{OA} = u, \ \overrightarrow{OB} = v, \ \overrightarrow{OC} = w$$

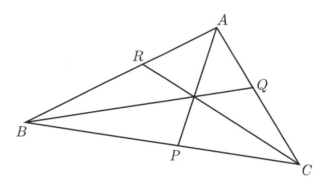

又 $\qquad \dfrac{\overline{BP}}{\overline{PC}} = \ell, \ \dfrac{\overline{CQ}}{\overline{QA}} = m, \ \dfrac{\overline{AR}}{\overline{RB}} = n$

則 $\overrightarrow{OP} = \dfrac{v + \ell w}{1 + \ell}, \ \overrightarrow{OQ} = \dfrac{w + mu}{1 + m}, \ $ 及 $\overrightarrow{OR} = \dfrac{u + nv}{1 + n}$

但 $\qquad\qquad\qquad \overrightarrow{OQ} = \beta v \qquad\qquad\qquad\qquad (1)$

$$\overrightarrow{OR} = \gamma w \qquad\qquad\qquad\qquad (2)$$

欲求 $\overrightarrow{OP} = \alpha u$ 之條件，

此即 $\qquad\qquad u = \alpha^{-1} \dfrac{1}{1 + \ell} v + \alpha^{-1} \dfrac{\ell}{1 + \ell} w \qquad\qquad (3)$

故由(1)式得

$$\beta v = \overrightarrow{OQ}$$

$$= \frac{m}{(1+m)} \cdot \frac{1}{\alpha(1+\ell)} v + w\left[\frac{m}{(1+m)} \cdot \frac{\ell}{\alpha(1+\ell)} + \frac{1}{1+m}\right]$$

所以 [　] $= 0$；而 α 必須等於 $-m\ell/(1+\ell)$。　　　　　(4)

以(3)，(4)代入(2)，得

$$\gamma w = \frac{u+nv}{1+n} = \gamma w + \left[\frac{1}{(1+n)\alpha(1+\ell)} + \frac{n}{1+n}\right]v$$

必須 [　] $= 0$，此即：α 必須等於 $\dfrac{-1}{(1+\ell)n}$，所以條件成為

$$\frac{-m\ell}{1+\ell} = \frac{-1}{(1+\ell)n}，\text{ 或即 } \ell mn = 1$$

7-4　內　積

向量運算的另一樣是內積；最常見的例子是「作功」。

用一力 F，持續地，作用在質點上，而它自 P 移到 Q，「位移」為 $\overrightarrow{PQ}$，那麼力 F 對質點作功為「力 F 與位移 $\overrightarrow{PQ}$ 之內積」，定義如下：

先設 F 與 $\overrightarrow{PQ}$ 夾了銳角，將 F 用 $\overrightarrow{PR}$ 代表，再作 R 之投影，於 $\overrightarrow{PQ}$ 線上；即是作垂線 $\overline{RS} \perp \overrightarrow{PQ}$。

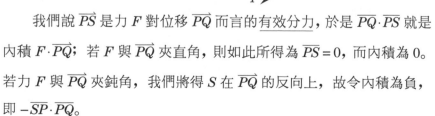

我們說 $\overrightarrow{PS}$ 是力 F 對位移 $\overrightarrow{PQ}$ 而言的<u>有效分力</u>，於是 $\overrightarrow{PQ} \cdot \overrightarrow{PS}$ 就是內積 $F \cdot \overrightarrow{PQ}$；若 F 與 $\overrightarrow{PQ}$ 夾直角，則如此所得為 $\overrightarrow{PS} = 0$，而內積為 0。若力 F 與 $\overrightarrow{PQ}$ 夾鈍角，我們將得 S 在 $\overrightarrow{PQ}$ 的反向上，故令內積為負，即 $-\overrightarrow{SP} \cdot \overrightarrow{PQ}$。

我們也可以將 Q 投影到 $\overline{PR}$ 上來，得 $\overline{QS'}\perp\overline{PR}$，垂足為 S'，而 $\overline{PS'}$ 稱為「位移 $\overline{PQ}$ 在力 F 方向上的<u>有效</u><u>分位移</u>」，而用 $\overline{PS'}\cdot\overline{PR}$ 作為內積，結果是一樣的！

如此定義了兩個向量 F_1, F_2 的內積，它之為正、為負，或 0，依夾角為銳、鈍、直而定，同時，

$$\begin{cases} G\cdot(F_1+F_2)=G\cdot F_1+G\cdot F_2 \\ G\cdot F=F\cdot G \\ (aF)\cdot G=a(F\cdot G) \end{cases}$$

假設 F, G 是兩個「單位向量」，我們定義其內積為「夾角之餘弦」，故餘弦為正、0 或負，依角度為銳或直或鈍而定。

如圖，（設夾銳角）$\cos\theta=\overline{OR}$, $(\overline{OP}=\overline{OQ}=1)$ 設坐標為 $P=(x_1, y_1)$, $Q=(x_2, y_2)$，則 $\overline{OP}$ 直線方程式為

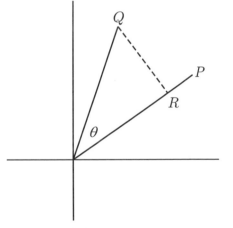

$$y=\frac{y_1}{x_1}x \text{ 或 } x_1y-y_1x=0$$

在此 $\overline{OP}=1=\sqrt{x_1^2+y_1^2}$，上式已是法式！

故 $\qquad d(Q, \overline{OP})=\overline{QR}=|x_1y_2-y_1x_2|$

所以 $\qquad \overline{OR}^2=\overline{OQ}^2-\overline{QR}^2=1-(x_1y_2-y_1x_2)^2$

此地我們已假定

$$\overline{OP}=1=\overline{OQ}$$

即 $\qquad 1=x_1^2+y_1^2=x_2^2+y_2^2$

故上式為

$$\overline{OR}^2 = (x_1^2 + y_1^2)(x_2^2 + y_2^2) - (x_1 y_2 - y_1 x_2)^2$$
$$= (x_1 x_2 + y_1 y_2)^2$$

可以確定內積為 $x_1 x_2 + y_1 y_2$，為餘弦。（即是，此式之值，為正、負，依 $\theta < 90°$ 或 $\theta > 90°$ 而定。）

　　一般地說：不論 P, Q 為何，$\overline{OP}$ 與 $\overline{OQ}$ 之內積恆為

$$x_1 x_2 + y_1 y_2$$

我們這樣子證明：先仍設 $[x_1, y_1]$ 為單位向量，

即

$$x_1^2 + y_1^2 = 1$$

於是

$$L: x_1 x + y_1 y = 0$$

是通過原點的直線之法式，而 $\overline{OP}$ 與 L 垂直，因為

$$\overline{OP} = d(P, L) = x_1^2 + y_1^2 = 1$$

所以 $d(Q, L) = |x_1 x_2 + y_1 y_2|$，而且 $x_1 x_2 + y_1 y_2$ 之符號正、負表示 Q, P 是否在 L 之同側，若同側，$d(Q, L) = x_1 x_2 + y_1 y_2$ 將為 $\overline{OQ}$ 到 $\overline{OP}$ 上之射影長，恰好合乎 $\overline{OP} \cdot \overline{OQ}$ 之原義；若異側，$(x_1 x_2 + y_1 y_2) = -d(Q, L)$，但 $\overline{OQ}$ 在 $\overline{OP}$ 上之投影長為 $d(Q, L)$，且 Q 與 P 異側，$\overline{OP}, \overline{OQ}$ 夾銳角，故 $-d(Q, L)$ 仍為 $\overline{OQ}, \overline{OP}$ 之內積！

　　最後，若 $\overline{OP} \neq 1, \overline{OP} \neq 0$，則 $\overline{OP}/\overline{OP}$ 與 $\overline{OQ}$ 之內積應為

$$\frac{x_1}{\sqrt{x_1^2 + y_1^2}} x_2 + \frac{y_1}{\sqrt{x_1^2 + y_1^2}} y_2 = \frac{x_1 x_2 + y_1 y_2}{\sqrt{x_1^2 + y_1^2}}$$

而 $\overline{OP} \cdot \overline{OQ} = x_1 x_2 + y_1 y_2$。

　　這個公式使得內積異常方便有用。並且由這公式容易驗證內積的一切性質！

$$(x_1 i + y_1 j) \cdot (x_2 i + y_2 j) = x_1 x_2 + y_1 y_2$$

$$i \cdot i = 1 = j \cdot j, \quad \text{但} \ i \cdot j = 0 = j \cdot i$$

Schwarz 不等式：$|F \cdot G| \le \|F\| \cdot \|G\|$

其中 $\|F\|$ 表示 F 的大小，即是 $\overline{OP}$，如果 F 用 $\overline{OP}$ 代表，當然這是從內積的定義可以證明的，但也可以由公式硬計算出來！這就是：

$$(x_1 x_2 + y_1 y_2)^2 \le (x_1^2 + y_1^2)(x_2^2 + y_2^2)$$

商高的勾股弦定理

[畢氏定理]（商高的勾股弦定理）

$$u \perp v \Leftrightarrow \|u + v\|^2 = \|u\|^2 + \|v\|^2$$

證明 　$u \perp v \Leftrightarrow u \cdot v = 0$

$$\Leftrightarrow \|u + v\|^2 = (u + v) \cdot (u + v)$$

$$= \|u\|^2 + 2u \cdot v + \|v\|^2$$

$$= \|u\|^2 + \|v\|^2$$

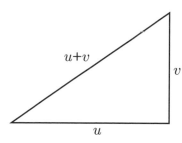

試證菱形之對角線互相垂直。

如圖，$|u| = |v|$，則

$$(u + v) \cdot (u - v) = u \cdot u - v \cdot v = 0$$

故也。

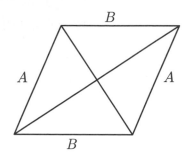

問題 1　以向量的方法證明「半圓內以直徑為一邊的內接三角形必為直角三角形」。

　　注意到，力 F 不一定要跟物體位移的方向一致！這並不奇怪，例如，物體本來在運動中，從側面施一個力使其運動方向改變；又如圓周運動，力的方向與運動的方向恆垂直！

　　有力與位移，才能作出功來。作功的本領就是能量 (energy)，人就是用能量來作功。

　　對物體作功，必使物體變化位能或動能。物理學的問題大多牽涉到能量與功的問題。因此功的概念非常重要。

　　由功的定義 $W = F \cdot S$ 知，當 F 與 S 反向時，所作的功為負功；當 F 與 S 垂直時，所作的功為 0，即作「虛功」。

　　如果力 F 隨時改變，可看作是時間 t 的函數，即 $F = F(t)$，而且物體沿一曲線運動，如下圖：

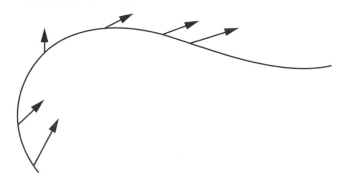

從 A 點到 B 點，F 作了多少功呢？這必須利用定積分的想法，把曲線切成一小段一小段，估計每一小段所作的功，求近似和，再取極限。這就是線積分的概念，這個我們不去討論。（請你想一想應該如何定義？）

7–5　方　向

正名：指向、走向、意向、方向

> 指向、走向、意向、方向的意義

　　首先我們註解一下「方向」的意義。方向的概念有兩種！一種是「走向」。例如，民權路是「東西向」，這些山脈是「東北——西南」方向；另一種方向是「指向」，「從東到西」（向西）與「從西到東」（向東）就是互為「反方向」，——但它們是同一個「走向」，只差在意向 (sense)（即符號）不同！

　　平行的直線是同一走向，在平面上，走向用斜率表示；斜率相同，即走向相同，走向相同則斜率相同，但指向卻可能相同或相反。

　　我們讀到「方向」一詞時，都必須仔細分辨它指的是那一種意思！

　　底下我們暫時都指「指向」，這樣子容易和一維的情形來對照，因為：對於一條直線，談不上走向；──它只有一個走向，但是有兩個指向。這時候「指向」就只是「意向」，也就是「符號」而已。

　　一維向量只有一個「成分」；我們在直線上指定一個（非零）「有向線段」，當做基底，記做 i，那麼，「直線上的向量」都可以寫成 xi 之形。

　　這樣子，向量 xi 與實數 x，並無區別，「向量 xi 的指向」，毋寧說是「實數 x 的符號」，記號是 $\operatorname{sgn} x$（讀成 signum）。

$$\operatorname{sgn} x = \begin{cases} +1, & x > 0 \\ -1, & x < 0 \end{cases}$$

那麼 $\operatorname{sgn} 0 = ?$ 有人喜歡令 $\operatorname{sgn} 0 = 0$。但是有利有弊，這裡將不定義，所以 0 是 sgn 的「奇點」，因為 sgn 碰到 0 就無法定義了！

制圍定理　若 $|a| > |b|$，則

$$\operatorname{sgn}(a + b) = \operatorname{sgn} a$$

「大量」與「小量」相加，指向（「方向」）由大量決定！

折衷定理　設 C 是 a 與 b 之加權平均，（或「凸組合」），

　　　　　　而且 $\operatorname{sgn} a = \operatorname{sgn} b$，則 $= \operatorname{sgn} C$。

事實上有正齊性原則：若 $d > 0$，則

$$\operatorname{sgn} da = \operatorname{sgn} a$$

所以：當 $\operatorname{sgn} a = \operatorname{sgn} b$ 時，

　　　　對於 $\ell, m > 0$，必有 $\operatorname{sgn}(\ell a + mb) = \operatorname{sgn} a = \operatorname{sgn} b$。

「作凸錐組合，不會變更符號。」

我們現在將考慮平面向量的指向，特別考慮上述一些事實的類推。

我們定義 $\text{sgn}\, F = F\,/\,\|F\|$，「指向函數」 sgn 的定義域是 {所有的非零向量}，而值域是 {所有單位向量} $\equiv S$，當然你也可以定義 $\text{sgn}\, 0 = 0$，但這是利弊兼有的，因為你必須擴大值域成 $S \cup \{0\}$。

於是 $F = \|F\|\,\text{sgn}\, F$。與 $x = |x|\,\text{sgn}\, x$ 相同！而且 sgn 仍然以零矢為奇點，零矢是迷向的（對它來說任一方向都一樣）。

依據平行四邊形定律，若 $\|F\| > \|G\|$，則 $(F+G)$ 與 F 夾銳角。

這就是制圍原則。（圖見 B.7 圖 7, $AB = F,\ AD = G$）

和一維情形相比較，這裡要複雜得多，一維時，sgn 只有兩值，$\{+1,\ -1\}$，「接近」就必然「相同」，這裡只能說「F 與 $F+G$ 的方向相近」而已。

這一來我們必須考慮方向與方向之間的距離遠近；我們定義的「方向」，都是 S 的元，即單位向量，因此我們只要定義 S 的元素之間的距離就好了。

向徑 $\overrightarrow{OP} \in S$ 時，P 點在單位圓上，所以 S 與單位圓 $x^2 + y^2 = 1$ 根本是同一回事。要談 $F,\ G \in S$ 的「距離」，有一種辦法是考慮 P、Q 之距：$\overrightarrow{OP} = F,\ \overrightarrow{OQ} = G$。另一種辦法是用角度 $\angle POQ = \angle(F,\ G)$ 來度量，此時我們必定要用「劣角」，不用「優角」，所以 $\angle(F,\ G)$ 必然在 $0°$ 與 $180°$ 之間，我們稱之為 F 與 G 之「角距」，記成：

$$d(F,\ G) = \angle POQ$$

角距和線距有一些相同，一些不同。拿單位圓 S 與一條直線 ℓ 來比較。我們可以在 ℓ 上設立坐標系，（例如 ℓ 就是 x 軸）有原點，有基

準單位點 1，於是任意兩點 x_0, x_1 之距離為 $d(x_0, x_1) = |x_1 - x_0|$，而 $x_1 - x_0$ 是自 x_0 到 x_1 之「有向距離」。向右為正，向左為負。

在單位圓 S 上我們也可以取定一個「原向」，（通常是「x 軸之正向」，即是自原點 O 到 $(1, 0)$ 點的向徑）；依照「轉向」為逆時針或順時針，規定轉角 θ 的正、負；到達終邊 $\overrightarrow{OP}$ 時，$\overrightarrow{OP}$ 之「角坐標」為 θ。

不過，這個角坐標有一種「多值週期性」：「相差 360° 的整倍數不算差」，——角坐標為 θ，自動表示角坐標也可以是 $\theta \pm 360°$, $\theta \pm 720°$, $\theta \pm 1080°$, ……，反之，$\theta - \theta' = n \cdot 360°$，$n$ 為整數，則這 θ 與 θ'，都代表同一個向量！

若角坐標為 θ_0, θ_1，且 $|\theta_0|$, $|\theta_1| \leq 90°$，則 $|\theta_1 - \theta_0|$ 就是角距。這和「線距」並無區別，並且，我們也可以用 $\theta_1 - \theta_0$ 代表「有號角距」，「由 θ_0 到 θ_1」之有號轉角！

平面上有兩點 A_1, A_2，作其線段 $A_1 A_2$，那麼線段上任一點 A 都是兩點的「平均」，或者「折衷」，於是對一點 B，$d(A, B) \leq d(A_1, B)$ 或 $d(A_2, B)$ 之一，（小於兩者，也是可能的！）這是距離的折衷性。

對於「方向」，也有類似狀況：

若 $F = \alpha F_1 + \beta F_2$，$\alpha$ 及 $\beta \geq 0$，

而 $d(G, F_1) \leq \theta$, $d(G, F_2) \leq \theta < 90°$，

則 $d(G, F) \leq \theta$。

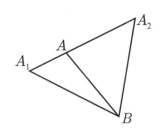

（角距的折衷性）

7-6　外　積

平面上的向量 F 與 G 也可以定義外積，這就是從原點 O 作向徑 $\overrightarrow{OA} = F,\ \overrightarrow{OD} = G$，再作 $\square ABCD$，以其面積，配合上「自 F 到 G」的轉向符號，（逆鐘向為正，順向為負！）即有號面積，作為外積，若 $F = iu_1 + jv_1,\ G = iu_2 + jv_2$，則外積為 $F \times G = \begin{vmatrix} u_1 & u_2 \\ v_1 & v_2 \end{vmatrix} = u_1v_2 - u_2v_1$，我們馬上驗證出：

$$\begin{cases} i \times j = 1,\ i \times i = 0 = j \times j \\ F \times G = -G \times F\ （交代性） \\ (F + F') \times G = F \times G + F' \times G \\ (aF) \times G = a(F \times G) \end{cases}$$

外積有很多用途，在物理學上，如力矩，角動量，都是外積。

例如，這剛體有固定點（「支點」）O，出力 F，著力點在 P，那麼力矩是 $\overrightarrow{OP} \times F$，在 $\overrightarrow{OP}$ 和 F 的平面上，這就有了「力矩」；類似地，角動量是 $\overrightarrow{OP} \times$（動量 mv）。

例題 1　$(F \times G)^2 + (F \cdot G)^2 = \left\|F\right\|^2 \left\|G\right\|^2$

這就是 Lagrange 恆等式！

7-7　向量與幾何

用向量內積處理圓，非常方便，圓心 m，半徑 r 之圓，其上一點之向徑為 x，

則 $\left\|x - m\right\|^2 = r^2$，

化成 $(x-m)\cdot(x-m)=r^2$，或 $x\cdot x-2m\cdot x+|m|^2-r^2=0$。

故 $x^2+b\cdot x+C=0$ 之圓心為 $-b/2$，半徑為 $\sqrt{-C+b/4}$。

例題 1 由方程式 $x^2+b\cdot x+C=0$ 求中心點及半徑：

(1) $b=\begin{pmatrix}-4\\0\end{pmatrix}$, $C=-5$; $\begin{pmatrix}b_1\\b_2\end{pmatrix}$ 表示 ib_1+jb_2

(2) $b=\begin{pmatrix}0\\-1\end{pmatrix}$, $C=0$

(3) $b=\begin{pmatrix}2\\-6\end{pmatrix}$, $C=-6$

例題 2 問 n_4 為何時，平行直線系 $\begin{pmatrix}2\\1\end{pmatrix}\cdot x+n_4=0$ 之直線為圓 $x^2=4$

之割線，切線或外線？

解 (1) $2x+y+n_4=0\Rightarrow y=-2x-n_4$

(2) $x^2+y^2=4\Rightarrow -x^2=4x^2+4n_4x+n_4^2-4=0$

$$\Rightarrow 5x^2+4n_4x+n_4^2-4=0$$

由計算得

$$\left.\begin{array}{c}x_1\\x_1'\end{array}\right\}=\frac{1}{5}(-2n_4\pm\sqrt{20-n_4^2})$$

故得

$$20-n_4^2>0 \text{ 時為割線}$$

$$n_4=\pm\sqrt{20} \text{ 時為切線}$$

$$20-n_4^2<0 \text{ 時為外線}$$

1. 求直線 $x = \begin{pmatrix} -1 \\ 2 \end{pmatrix} + \sigma \begin{pmatrix} 2 \\ 1 \end{pmatrix}$ 與圓 $x^2 = 25$ 之交點。

2. 求直線 $x = \begin{pmatrix} 0 \\ 3 \end{pmatrix} + \sigma \begin{pmatrix} 4 \\ 3 \end{pmatrix}$ 與圓 $x^2 = 4$ 之中心的距離，有交點嗎?

3. 求直線 $\begin{pmatrix} 7 \\ -17 \end{pmatrix} \cdot x + 169 = 0$ 與圓 $x^2 = 169$ 之交點。

4. (1) 求直線 $\begin{pmatrix} 3 \\ 4 \end{pmatrix} \cdot x + 35 = 0$ 與圓 $(x - \begin{pmatrix} -2 \\ -1 \end{pmatrix})^2 = 25$ 之交點。

   (2) 求此直線與圓心之距離。

5. (1) 直線 $\begin{pmatrix} 1 \\ -7 \end{pmatrix} \cdot x + 25 = 0$ 與圓 $x^2 = 25$ 相交成一弦，

   求此弦與圓心之距離。

   (2) 驗證：圓心到此直線之垂足恰為此弦之中點。

6. 求以點 A 為中點之弦方程式

   (1) $A(1,\ 8)$, $K : (x - \begin{pmatrix} -3 \\ 5 \end{pmatrix})^2 = 100$

   (2) $A(-3,\ 4)$, $K : x^2 = 144$

圓冪定理的向量證明

定理　（圖 1）若經過一固定點 A 的直線與一定圓相交，交點為 P，Q，則乘積 $\overline{AP} \cdot \overline{AQ}$ 為一常數，與此直線（割線）之方向無關。

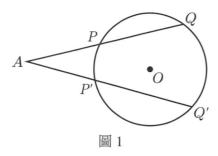 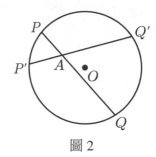

圖 1　　　　　　　　圖 2

證明　割線(1) $x = a + \sigma u$ 與圓(2) $x^2 - r^2 = 0$ 之交點為 P, Q，其對應之參數分別為 σ_p, σ_q，其中 $|\sigma_p| = \overline{AP}$, $|\sigma_q| = \overline{AQ}$。$\sigma_p$ 與 σ_q 可由(1)代入(2)求之：

$$(a + \sigma u)^2 - r^2 = 0$$

$$\Rightarrow \sigma^2 + 2\sigma a \cdot u + (a^2 - r^2) = 0$$

由此方程式得

$$\sigma_p \sigma_q = a^2 - r^2$$

與 u 無關，故定理得證。

若 $a^2 > r^2$（割線定理），則 σ_p, σ_q 之符號一致。

若 $a^2 < r^2$（弦定理），則 σ_p 與 σ_q 異號。

圓的方程式，最簡單的是 $x^2 = r^2$，這是中心在坐標系原點的情形，若中心在 m，我們最好採用「坐標系平移」的觀點：

改用新坐標系 $(\bar{x}, \bar{y})$，向徑為 x，以中心 m 為新原點，故

$$\bar{x} = x - m$$

點 p 在圓 $\bar{x}^2 = r^2$ 之上時，

切線為 $\bar{p} \cdot \bar{x} = r^2$

不一定在圓上時，極線仍是此形式，故

對圓 $(x - m)^2 = r^2$，點 p 之極線為

$(p - m) \cdot (x - m) = r^2$

p 在圓上時，則為切線！

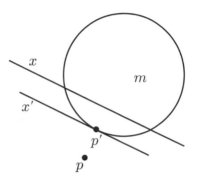

例題 3 求經圓 $(x - \begin{pmatrix} 12 \\ 6 \end{pmatrix})^2 = 25$ 在點 $P(9, 10)$ 之切線方程式。

解 切線方程式為

$$(\begin{pmatrix} 9 \\ 10 \end{pmatrix} - \begin{pmatrix} 12 \\ 6 \end{pmatrix}) \cdot (x - \begin{pmatrix} 12 \\ 6 \end{pmatrix}) = 25$$

$$\Rightarrow (\begin{pmatrix} -3 \\ 4 \end{pmatrix} - \begin{pmatrix} 12 \\ 6 \end{pmatrix}) = 25$$

$$\Rightarrow -3(x_1 - 12) + 4(x_2 - 6) = 25$$

$$\Rightarrow 3x_1 - 4x_2 + 13 = 0$$

習　題

1. 設有圓 K 與向量 v，求平行 v 之切線方程式與切點 $P(p)$：

　⑴ $K : x^2 = 64,\ v = \begin{pmatrix} -4 \\ 3 \end{pmatrix}$；

　⑵ $K : x^2 = 25,\ v = \begin{pmatrix} 3 \\ 4 \end{pmatrix}$。

2. 求垂直於直線 $\begin{pmatrix} 8 \\ 15 \end{pmatrix} \cdot x = 30$，圓 $x^2 = 16$ 之兩切線方程式。

3. 求平行於向量 v，圓 K 之切線方程式：

　⑴ $v = \begin{pmatrix} 3 \\ -4 \end{pmatrix},\ K : x^2 + \begin{pmatrix} 6 \\ -2 \end{pmatrix} \cdot x - 15 = 0$；

　⑵ $v = \begin{pmatrix} 4 \\ 3 \end{pmatrix},\ K : x^2 + \begin{pmatrix} -4 \\ 2 \end{pmatrix} \cdot x - 20 = 0$。

兩圓關係

習　題

1. 試證：圓 $K : x^2 - 25 = 0$ 與圓 $K' : 2x^2 + \begin{pmatrix} -4 \\ -3 \end{pmatrix} \cdot x - 25 = 0$ 及

　$K'' : x^2 - \begin{pmatrix} 12 \\ 9 \end{pmatrix} \cdot x + 50 = 0$ 相切。

2. 決定圓 $x^2 = 25$ 與 $(x - \begin{pmatrix} -6 \\ 3 \end{pmatrix})^2 = 10$ 的公共弦方程之最簡便方法為

　何？

3. 決定經過圓 $x^2 = 25$ 與 $x^2 + \begin{pmatrix} -9 \\ 12 \end{pmatrix} \cdot x + 50 = 0$ 切點的公共切線之最

　簡便方法為何?

4. 求圓 $K : x^2 = 25$ 與下列圓之交點:

　(1) $K' : x^2 - 14x + 31 = 0$

　(2) $x^2 + \begin{pmatrix} -4 \\ -12 \end{pmatrix} \cdot x + 35 = 0$

5. 求下列圓間之相關位置:

　(1) $x^2 = 16$ 與 $(x - \begin{pmatrix} 5 \\ -4 \end{pmatrix})^2 = 4$

　(2) $x^2 + \begin{pmatrix} -4 \\ -3 \end{pmatrix} \cdot x = 50$ 與 $x^2 + \begin{pmatrix} -24 \\ -18 \end{pmatrix} \cdot x + 125 = 0$

　(3) $(x - \begin{pmatrix} -6 \\ 1 \end{pmatrix})^2 = 25$ 與 $(x - \begin{pmatrix} 4 \\ -65 \end{pmatrix})^2 = 75^2$

　(4) $2x^2 + \begin{pmatrix} -13 \\ 28 \end{pmatrix} \cdot x + 83 = 0$ 與 $x^2 + \begin{pmatrix} 16 \\ 2 \end{pmatrix} \cdot x - 224 = 0$

6. 求與圓 $K'' : x^2 + \begin{pmatrix} -4 \\ -2 \end{pmatrix} \cdot x - 20 = 0$ 在點 $P(-1;\ 5)$ 相切的外切圓 K

　與內切圓 K' 之方程式。

關於圓 $x^2 = r^2$，極點 $P(p)$ 之極線方程式為 $p \cdot x = r^2$。

證明 如圖。

P 在切線 t 上 $\Leftrightarrow$ 方程式(1) $b \cdot p = r^2$ 成立。

P 在切線 t' 上 $\Leftrightarrow$ 方程式(2) $b' \cdot p = r^2$ 成立。

與直線方程式 $p : x \cdot p = r^2$ 相比較，

得：兩點 B 與 B' 在直線 p 上，

故直線 p 在切弦 BB' 上。本定理得證。

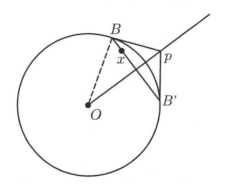

習 題

1. 求直線 p 關於圓 K 之極點。

(1) $p : 2x - y + 9 = 0$, $K : x^2 + y^2 = 36$

(2) $p : 2x - 3y = 10$, $K : x^2 + y^2 = 25$

(3) $p : 4x - 3y = -75$, $K : x^2 + y^2 = 255$

2. 求從點 $P(7, -17)$ 到圓 $K : x^2 = 169$ 之兩切線方程式。

3.設從點 $P(1, 2)$，作圓 $x^2 + \begin{pmatrix} 16 \\ -4 \end{pmatrix}^2 \cdot x + 43 = 0$ 之切線。

　(1)求切線、法線方程式

　(2)求此切線間之夾角

　(3)求經過切點之法線方程式

4.求關於圓 K，極點 P 之極線方程式：

　(1) $P(-7, 5)$, $K : x^2 + \begin{pmatrix} -6 \\ -4 \end{pmatrix} \cdot x - 23 = 0$

　(2) $P(4, 6)$, $K : x^2 + \begin{pmatrix} 8 \\ 10 \end{pmatrix} \cdot x - 40 = 0$

5.求從點 P 到圓 K 之切線方程式

　(1) $P(-8, 4)$, $K : x^2 + \begin{pmatrix} -4 \\ 2 \end{pmatrix} \cdot x - 20 = 0$

　(2) $P(-4, 6)$, $K : 5x^2 - \begin{pmatrix} 20 \\ 60 \end{pmatrix} \cdot x + 164 = 0$

　(3) $P(11, 3)$, $K : x^2 + \begin{pmatrix} -2 \\ 4 \end{pmatrix} \cdot x - 20 = 0$

6.求極點：

　(1) $p : \begin{pmatrix} 2 \\ -1 \end{pmatrix} \cdot x + 9 = 0$, $K : x^2 = 36$

　(2) $p : \begin{pmatrix} 2 \\ -3 \end{pmatrix} \cdot x = 10$, $K : x^2 = 25$

　(3) $p : \begin{pmatrix} 4 \\ -3 \end{pmatrix} \cdot x = -75$, $K : x^2 = 255$

臺北市第十九屆中小學科學展覽會

作 品 說 明 書

科　　別： 數　學

組　　別： 國中組

作品名稱： 垃圾處理場的位置問題
　　　　　　——平衡中心的研究

作　　者： 金華國中三年一班——楊汗如

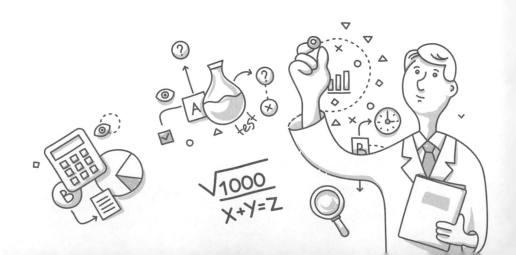

垃圾處理場的位置問題 ── 平衡中心的研究

1 動機與定式

1.1 研究動機

　　最近在報紙上，常常看見「垃圾戰爭」：一個市鎮的垃圾，收集之後，想往別的城鎮倒，因而引起衝突。現在的垃圾處理方法，往往採用掩埋或屯積，這樣並不能根本地解決問題。我以為最好的辦法是設置一個垃圾處理場，應用化學方法（如焚燒）處理。但是建場的費用可能貴得嚇人，所以通常是幾個市鎮共同負擔一個垃圾處理場的建設費用。於是我們還要考慮的，就是垃圾場的位置問題了，也就是我這一篇研究的主題。

1.2 問題的定式

　　N 個市鎮的位置在 $A_1, \cdots, A_N$，垃圾產量分別為 $w_1, w_2, \cdots, w_N$，垃圾處理場的位置在 P，各鎮的垃圾的運費是和其垃圾的重量，及其與垃圾場的距離成正比的，因而總運費和

$$u(P) = w_1\overline{PA_1} + w_2\overline{PA_2} + \cdots + w_N\overline{PA_N} \tag{1}$$

成正比。[我們假設：建場的費用和位置 P 無關] 所以，問題就在於：

　　求點 E 使 $u(E)$ 為極小！

2 思考的過程

2.1

陳文瑛老師給我幾點建議，第一點就是簡化問題：假設

$$w_1 = w_2 = \cdots = w_N \ (=1) \tag{2}$$

那麼原來的問題變成純粹是平面幾何的問題了：在平面上有許多點 $A_1, A_2, \cdots, A_N$ 求一點 P，使它到各點的距離總和

$$u(P) = \overline{PA_1} + \overline{PA_2} + \cdots + \overline{PA_N} \tag{3}$$

為最小！以下我把這種情形叫做等權，這些固定點 A_i 叫做「鎮」。

　　2 鎮的情形太簡單了，4 鎮的情形我也很快就解決了。（請看 3 等權的兩鎮與四鎮的問題）

　　3 鎮的情形很使我傷腦筋。我猜這一點應該是什麼「心」，不過它卻不是外心，也不是垂心；也不是重心、內心。

2.2

陳文瑛老師給我的第二個建議是：如果這不好做，就從別的角度來簡化問題；假設不必等權，但是所有各點 A_i 都在一條直線上。（以下把這種情形叫做一維。）我覺得這種情形也很好做。（請看 4 一維問題）在想這問題時，我是用「從兩端往裡面移動，一直到沒有辦法再減少 $u(P)$ 為止」的想法。這似乎有「力」的概念在裡面。

2.3

吳發老師就提醒我：這裡本來就牽涉到物理！主要的就是兩個原理，動力的原理是說：力的方向就是位能劇降的方向；靜力的原理是說：位能最小則安定平衡，合力為零。

2.4

陳文瑛老師另外建議我做一個類似的問題：假設運費和距離平方成正比，也就是說，不考慮 $u(P)$ 而考慮

$$v(P) = w_1 \overline{AP_1}^2 + w_2 \overline{AP_2}^2 + \cdots + w_N \overline{AP_N}^2 \tag{4}$$

求它何時會極小。

其實這題目反倒好做，只用到我國二學過的「二次函數的極小值」，（見 5 正比於距離平方的運費問題）而且容易看出它的力學意義。

2.5

這一來就提醒我：在國中一年級升國二的暑假作業課外讀物給你一把鑰匙中，似乎有類似的題目，也是把極小值問題化成物理問題。我再熟讀幾遍，終於發現到「可以依樣畫葫蘆」，（參見 §6.1～6.2）把極小問題化為力學問題。(7)

這樣子一來我發現：等權 3 鎮的答案就很清楚了。找到答案之後，要證明，也就不太難了！（參見 8 等權三鎮的情形）

最後的問題是這樣子的：既然原來的極小問題可以化為力學問題，我們應該可以進行力學的模擬來解決數學問題！（雖然這不是物理實驗，只是物理驗證）除了吳發老師之外，還有一個物理系學生楊柏因，和他們學校普通物理實驗室的一個技術師傅簡勝益，都費力地幫忙。（參看實物佈置）我稍微有點失望：找不到毫無摩擦的絲線，與迴轉如意的定滑輪！

3　等權的兩鎮與四鎮的問題

3.1　兩鎮等權的情形

因為「三角形兩邊和大於第三邊」，（見圖 1）

所以　　　$\overline{PA_1} + \overline{PA_2} \geq \overline{A_1A_2}$　　　　　　　　　　　(5)

除非點 P 在線段 A_1A_2 上，否則為不等號。所以我們證明了：

定理　$u(E)$ 極小，則 E 在 $\overline{A_1A_2}$ 上，反過來說，E 在 $\overline{A_1A_2}$ 上時，$u(E)$ 極小。

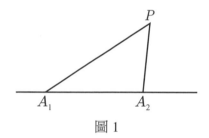

圖 1

（兩點的平衡心段定理）

$\overline{A_1A_2}$ 上的每一點，都是 u 的極小點，也就是平衡中心，所以這一線段叫做平衡心段。

3.2　四鎮等權：正常的情形

定理　假設 $A_1A_2A_3A_4$ 為凸四邊形，選 E 為凸四邊形 $A_1A_2A_3A_4$ 之對角線 $\overline{A_1A_3}$, $\overline{A_2A_4}$ 的交點，則平衡中心為 E（正常四點的平衡中心定理）。

證明：任取平面上一點 P，如圖 2。

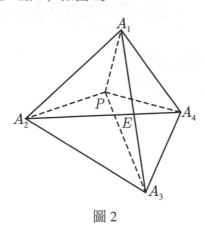

圖 2

則 $\overline{A_1P} + \overline{A_3P} \geq \overline{A_1A_3} = \overline{A_1E} + \overline{A_3E}$，

同理，$\overline{A_2P} + \overline{A_4P} \geq \overline{A_2E} + \overline{A_4E}$（三角形兩邊和大於第三邊），如果兩式都是等號，就表示 $P = E$

$\therefore u(P) = \overline{A_1P} + \overline{A_2P} + \overline{A_3P} + \overline{A_4P}$

$\geq \overline{A_1E} + \overline{A_2E} + \overline{A_3E} + \overline{A_4E} = u(E)$

等號表示 $P = E$

3.3 彆扭四點平衡中心定理

如果 $\triangle A_1A_2A_3$ 含有點 A_4，那麼取 $E = A_4$ 可以使 $u(E)$ 極小。也就是說：對任意一點 P，$u(P) \geq u(E)$ 且等號表示 $P = E$。

現在設 P 在 $\triangle A_1A_2A_3$ 內，連 PA_1, PA_2, PA_3 把 $\triangle A_1A_2A_3$ 分成三個小 $\triangle$；其中最少有一個包含了點 A_4，如圖 3，是 A_4 在 $\triangle PA_1A_3$ 中，那麼

$$\overline{PA_1} + \overline{PA_3} \geq \overline{A_4A_1} + \overline{A_4A_3} \tag{6}$$

另外 $\qquad \overline{PA_2} + \overline{PA_4} \geq \overline{A_4A_2},$ （即(5)）

相加，$\therefore u(P) \geq u(A_4)$

又在(6)式中，必須 $P = A_4$ 才有等號。

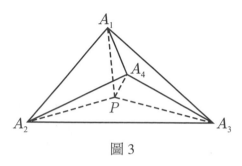

圖 3

4　一維問題

4.1　必在線上

如果所有各點 $A_1 A_2 \cdots A_N$ 都在一條直線 ℓ 上，我們在 ℓ 上取定一個坐標系，假設 A_i 的坐標是 b_i，$b_1 < b_2 < \cdots < b_N$，很顯然：P 必須落在直線 ℓ 上，才會使 $u(P)$ 極小。（必在線上定理）

證明：取 ℓ 為 x 軸，再取任意的垂線做 y 軸，設 $P = (x, \ y)$，$Q = (x, 0)$，那麼 $A_i = (b_i, 0)$，因而

$$\overline{PA_i} = \sqrt{(x - b_i)^2 + (y - 0)^2} \geq \sqrt{(x - b_i)^2} = \overline{QA_i}$$

因此 $u(P) \geq u(Q)$。

等號表示 $y = 0$，即 P 在 ℓ 上。所以現在起不用寫 y 坐標。

4.2 等權的情形

現在先簡化問題，考慮等權的情形，$N = 2$ 的情形我們已經解決了。

答案是 P 要在 $\overline{A_1 A_2}$ 上。

$N = 3$ 呢？

顯然答案是 $P = A_2$，因為，A_2 夾在 A_1, A_3 之間，如果 $\overline{PA_1} + \overline{PA_3}$ 要盡量小，P 在 $\overline{A_1 A_3}$ 上任意一點效果都一樣；再加上一項 $\overline{PA_2}$，就是 $u(P)$，所以 $\overline{PA_2} = 0$ 時，就是最好的答案。

$$\because \overline{QA_1} + \overline{QA_3} \geq \overline{A_1 A_3} = \overline{A_2 A_1} + \overline{A_2 A_3},\ \overline{QA_2} \geq 0 = \overline{A_2 A_2}$$

$$\therefore u(Q) = \overline{QA_1} + \overline{QA_2} + \overline{QA_3} \geq \overline{A_1 A_3} = u(A_2)$$

4.3 「自兩端配對」法

$N = 4$ 呢？我們讓 A_1、A_4 配成一對，A_2、A_3 成一對，那麼，由(5)，

$$\overline{A_1 Q} + \overline{A_4 Q} \geq \overline{A_1 A_4}$$

$$\overline{A_2 Q} + \overline{A_3 Q} \geq \overline{A_2 A_3}$$

等號成立，就表示「Q 在 $\overline{A_1 A_4}$ 之上，而且也在 $\overline{A_2 A_3}$ 之上」，前半句是多餘的！所以，又得到了「平衡心段 $\overline{A_2 A_3}$」。

一般的 N 也一樣，把最左、最右配對，……那麼：

$$\overline{A_1 Q} + \overline{A_N Q} \geq \overline{A_1 A_N},$$

$$\overline{A_2 Q} + \overline{A_{N-1} Q} \geq \overline{A_2 A_{N-1}},$$

....

....

若 N 是偶數，上面共有 $N/2$ 個式子。

若 N 為奇數，上面共有 $(N-1)/2$ 個式子。

如果用 $[x]$ 表示「不大於 x」的最大整數，我們可以用 $[N/2]$ 表示這數目。

等號成立，就表示 Q 在 $\overline{A_1 A_N}$ 上，也在 $\overline{A_2 A_{N-1}}$ 上，……，其實就是在最內部的一段，所以應該分成兩種情形：

甲、N 為偶數，則 Q 在「平衡心段」

$$\overline{A_{\frac{N}{2}},\, A_{\frac{N}{2}+1}} \text{ 時，} u(Q) \text{ 最小。} \tag{7}$$

乙、N 為奇數，則 Q 必須在「平衡中心」

$A_{(N+1)/2}$，才使 $u(Q)$ 最小。

4.4　增減計算法

如果 P 的坐標是 x，我們就要考慮怎麼樣取 x，使得

$$u(P) = u(x) = |x - b_1| + |x - b_2| + \cdots + |x - b_N| \tag{8}$$

變得最小。

我們考慮兩個例子：

例甲　$b_i = -8, -5, 1, 4, 5, 7$

例乙　$b_i = -8, -5, -1, 1, 4, 5, 7$

我們分別把 $u(x)$ 算出來（只代入 x 為整數值，從 -10 到 $+10$），其實是連 $u(x)$ 的每一項 $|x - b_i|$ 都算出來。

為了對照，我也考慮不等權的兩個例子。

例丙　$u(x) = 3|x+5| + 1|x-1| + 2|x-4| + 2|x-5|$

例丁　$u(x) = 2|x+5| + 1|x-1| + 2|x-4| + 2|x-5|$

它們可以列表如下：（見附表及圖 4 甲～丁）

[其實我們只需要把例丙看成等權八鎮的情形，八點為 $-5, -5, -5, 1,$ $4, 4, 5, 5$，就好了。] 它們的函數圖也在圖 4 中，所以等權、不等權在這裡沒什麼區別。

　　現在把例甲和例丁的函數關係分段寫出。

例甲　$u(x) = |x+8| + |x+5| + |x-1| + |x-4| + |x-5| + |x-7|$

　　　分段點是 $-8, -5, 1, 4, 5, 7$，把 $\mathbb{R}$ 分成 7 段

　　　分段寫成 $u(x) = mx + k$ 　　　　　　　　　　　　　　(9)

I、$x \le -8 : u(x) = -6x + 4$

II、$-8 \le x \le -5 : u(x) = -4x + 20$

III、$-5 \le x \le 1 : u(x) = -2x + 30$

IV、$1 \le x \le 4 : u(x) = 0x + 28$

V、$4 \le x \le 5 : u(x) = 2x + 20$

VI、$5 \le x \le 7 : u(x) = 4x + 10$

VII、$x \ge 7 : u(x) = 6x - 4$

用下面的表解比較不會算錯！

例甲

$x=$	-10	-9	-8	-7	-6	-5	-4	-3	-2	-1	0	1	2	3	4	5	6	7	8	9	10
$|x+8|=$	2	1	0	1	2	3	4	5	6	7	8	9	10	11	12	13	14	15	16	17	18
$|x+5|=$	5	4	3	2	1	0	1	2	3	4	5	6	7	8	9	10	11	12	13	14	15
$|x-1|=$	11	10	9	8	7	6	5	4	3	2	1	0	1	2	3	4	5	6	7	8	9
$|x-4|=$	14	13	12	11	10	9	8	7	6	5	4	3	2	1	0	1	2	3	4	5	6
$|x-5|=$	15	14	13	12	11	10	9	8	7	6	5	4	3	2	1	0	1	2	3	4	5
$|x-7|=$	17	16	15	14	13	12	11	10	9	8	7	6	5	4	3	2	1	0	1	2	3
和 $u(x)=$	64	58	52	48	44	40	38	36	34	32	30	28	28	28	28	30	34	38	44	50	56

例乙

$x=$	-10	-9	-8	-7	-6	-5	-4	-3	-2	-1	0	1	2	3	4	5	6	7	8	9	10
$|x+8|=$	2	1	0	1	2	3	4	5	6	7	8	9	10	11	12	13	14	15	16	17	18
$|x+5|=$	5	4	3	2	1	0	1	2	3	4	5	6	7	8	9	10	11	12	13	14	15
$|x+1|=$	9	8	7	6	5	4	3	2	1	0	1	2	3	4	5	6	7	8	9	10	11
$|x-1|=$	11	10	9	8	7	6	5	4	3	2	1	0	1	2	3	4	5	6	7	8	9
$|x-4|=$	14	13	12	11	10	9	8	7	6	5	4	3	2	1	0	1	2	3	4	5	6
$|x-5|=$	15	14	13	12	11	10	9	8	7	6	5	4	3	2	1	0	1	2	3	4	5
$|x-7|=$	17	16	15	14	13	12	11	10	9	8	7	6	5	4	3	2	1	0	1	2	3
和 $u(x)=$	73	66	59	54	49	44	41	38	35	32	31	30	31	32	33	36	41	46	53	60	67

注意到：在例乙，$x=-4$, $x=-3$ 相鄰兩行來比較，從 $x=-4$ 變為 $x=-3$，有兩項的 $|x-b_i|$ 各加了 1，有 5 項各減了 1，故 $u(x)$ 減了 3，我們用 m 表示這差額。

例甲

x	−10	−9	−8	−7	−6	−5	−4	−3	−2	−1	0	1	2	3	4	5	6	7	8	9	10
$u(x)$	64	58	52	48	44	40	38	36	34	32	30	28	28	28	28	30	34	38	44	50	56
差 $m(x)$	−6	−6	−4	−4	−4	−2	−2	−2	−2	−2	−2	0	0	0	2	4	4	6	6	6	

例乙

x	−10	−9	−8	−7	−6	−5	−4	−3	−2	−1	0	1	2	3	4	5	6	7	8	9	10
$u(x)$	73	66	59	54	49	44	41	38	35	32	31	30	31	32	33	36	41	46	53	60	67
差 $m(x)$	−7	−7	−5	−5	−5	−3	−3	−3	−3	−1	−1	1	1	1	3	5	5	7	7	7	

例丙

x	−10	−9	−8	−7	−6	−5	−4	−3	−2	−1	0	1	2	3	4	5	6	7	8	9	10
$u(x)$	84	76	68	60	52	44	42	40	38	36	34	32	32	32	32	36	44	52	60	68	76
差 $m(x)$	−8	−8	−8	−8	−8	−2	−2	−2	−2	−2	−2	0	0	0	4	8	8	8	8	8	

例丁

x	−10	−9	−8	−7	−6	−5	−4	−3	−2	−1	0	1	2	3	4	5	6	7	8	9	10
$u(x)$	79	72	65	58	51	44	41	38	35	32	29	26	25	24	23	26	33	40	47	54	61
差 $m(x)$	−7	−7	−7	−7	−7	−3	−3	−3	−3	−3	−3	−1	−1	−1	3	7	7	7	7	7	

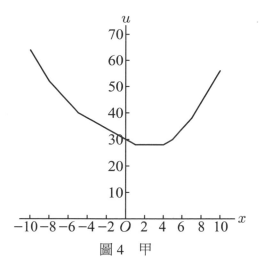

圖 4　甲

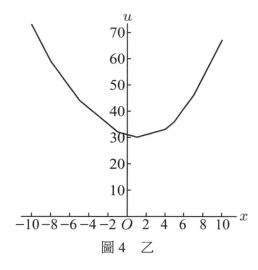

圖 4　乙

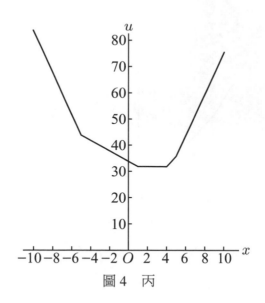

圖 4　丙

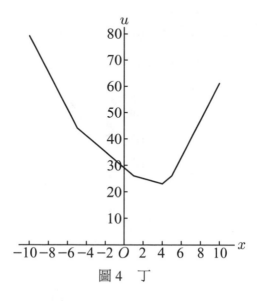

圖 4　丁

在每一段，u 的圖解都是直線，在那段範圍內，u 的極小值，總是在線段的左端或右端，依領導係數 m 為正或負而定。　　　　　　(9 *)

例甲，從 I 到 III 這三段，u 是「右端小」（因為領導係數是負的）從 V 到 VII，則是「左端小」（領導係數為正），中間段領導係數 0，u 是常數；所以 [1, 4] 是平衡心段。

例丁　$u(x) = 2|x+5| + |x-1| + 2|x-4| + 2|x-5|$

I、$x \le -5 : u(x) = 9 - 7x$

II、$-5 \le x \le 1 : u(x) = 29 - 3x$

III、$1 \le x \le 4 : u(x) = 27 - x$

IV、$4 \le x \le 5 : u(x) = 11 + 3x$

V、$x \ge 5 : u(x) = 7x - 9$

4.5　全民利益的計算

圖解和表解不一樣，因為前者是連續變化的，這才能夠看出整體變化的情形。

想像我來主持一個協調會議，各鎮各派了一個代表。到底這個垃圾處理場要設在那裡，我有一個妙法可以很快獲得結論。（這是從電腦遊戲想到的!）

各鎮代表面前，各有一部電腦含電視顯示，這些電腦都連到我這裡的電腦。底下用「我」來代表「電腦」。

螢幕上顯現了：各個城鎮自己的位置 A_i，暫定的處理場位置 P；（以及這時候的（本鎮的）運費 $\overline{PA_i} \cdot w_i$）這個代表將針對這個位置 P，表示他的意見：

如果 P 在 A_1 之左，他就按下「往右」的鍵，如果 P 在 A_1 之右，他就按下「往左」的鍵；如果 P 恰在 A 上，他就按下「停」的鍵。

剛開始時，我讓 P 在 A_1（也就是全體）之左；當然所有的代表都要它「往右」，所以我讓 P 往右；等到 P 到達 A_1，第 1 鎮代表主張「停」，別鎮代表不讓停，繼續往右，……

像這樣，他們的意見隨時傳送到我（這裡的電腦）；我將不停地計算，從而移動 P 的位置，那些代表從他的電腦螢幕上看到 P，又繼續不斷地表達他們的意見，……

我的計算方法很簡單：

設 A_j 鎮代表主張「往右」，我就令 $f_j = +w_j$，「往左」，就令

$$f_j = -w_j \tag{10}$$

我不必假定「等權」，而 f_j 表示：當 P 往右移一點點 s 時，A_j 鎮將受惠（即運費減少）sf_j，（s 為負則表示左移）我只要算出

$$F = f_1 + f_2 + \cdots + f_N \tag{11}$$

那麼，全部的運費 $u(P)$ 由於這個小小位移 s 所減少的份量就是 $sF(P)$，我只要依照 $F(P)$ 的符號來移動 P，即：$F(P) > 0$，則右移，$F(P) < 0$，則左移，就可以使 $u(P)$ 減少！ $\qquad$ (11*)

[其實 $F(P)$ 即 $-m(x)$，(11*) 就是 (9*)]

顯然 $F(P) = W_右(P) - W_左(P)$ $\qquad$ (12)

$W_右(P) =$ 在 P 點之右的各鎮之權量 w_i 之和，（$W_左(P)$ 相似地定義）

所以 P 在任何線段 $A_{j-1}A_j$ 內部時，$F(P)$ 並無變化；當 P 在鎮 A_j 時，$F(P)$ 不好定義，我們稱：諸 A_j 是 F 的奇點。事實上，當 P 由「在

A_j 之左」變為「在 A_j 之右」（一點點）時，只有 f_j 項由 w_j 變為 $-w_j$，其它各項不變，所以 $F(P)$ 將跳跌了 $2w_j$；全部直線被分成 $(N+1)$ 段，從最左段「A_1 之左」起，一直到最右段「A_N 之右」止，F 從 $W = w_1 + w_2 + \cdots + w_N$ 變為 $-W$，（即是，從全體主張「往右移」變到「全體主張往左移」）一直跳跌；那麼何時通過 0？

只有兩種可能：

或 [甲] 在某段 $A_{j-1}A_j$ 內部，$F = 0$（平衡原則），

或 [乙] 在 A_j 之左，$F > 0$，在 A_j 之右，$F < 0$。

在甲的情形，$\overline{A_{j-1}A_j}$ 是平衡心段：當 P 從 A_1 之左，一直移動到 A_{j-1} 止，u 一直在減少，（因為 $F > 0$）；在這段，$F = 0$，u 無變化；過了 A_j，u 就開始增加了。

在乙的情形，A_j 是唯一的平衡中心，在 P 自左向右移動，到達 A_j 之前，u 是一直在減少，過了 A_j 就一直增加！

4.6　把「民意」解釋為力

起先我想：如果畫出 u「曲線」，讓一個球（點）滾落，它就會停在 u 極小的位置，即平衡中心。不過，更好的解釋就是：「民意就是力量」，全民的利益就是力量。力學上，地球的重力場在地面上是均勻的，到處有相同的力量，W $(= mg,\ g = 980\ \mathrm{cm/sec^2})$，而位能為「$W$ 乘高度」；力的方向就是使位能減少的方向，其大小就是向下移動 1 單位距離時位能減少的程度。

現在的情況我們用位能來比擬運費，A_i 鎮引起的「位能」為 w_i

$\overrightarrow{PA_i}$；此鎮所引起的力是 $w_i\overrightarrow{\widetilde{PA_i}}$，這裡 $\overrightarrow{\widetilde{PA_i}}$ 表示「自 P 向 A_i 的方向，取單位大小」的力量。（當然 $P \neq A_i$ 才行，所以 A_1 是力的奇點）這個「力量」就表示：往這方向走動一單位，這鎮的居民就減少這麼多運費；方向就是使運費減少的方向。全部體系的位能是 u 如(1)，而力場為

$$F(P) = w_1\overrightarrow{\widetilde{PA_1}} + w_2\overrightarrow{\widetilde{PA_2}} + \cdots + w_N\overrightarrow{\widetilde{PA_N}} \qquad (13)$$

於是，結論是(13)：

使位能最小的點 E，若非力場 F 的奇點，則 $F(E)=0$；　　　(甲)

若是力場的奇點，則 $F(P)$ 與 $\overrightarrow{PE}$ 同向。　　　(乙)

5　正比於距離平方的運費問題

5.1　距離平方的運費

假設有 N 個城鎮，位置在 A_1, A_2, $\cdots$, A_N，A_i 的坐標為 (x_i, y_i)。我們想要找處理場的位置 $P(x, y)$，使得總運費最小；但是這裡假定從 A_i 到 P 的運費和距離平方 $\overline{PA_i}^2$ 成正比，

所以問題成為：求 x, y，使得

$$2v(x, y) = [(x_1-x)^2 + (y_1-y)^2] + [(x_2-x)^2 + (y_2-y)^2] + \cdots$$
$$+ [(x_N-x)^2 + (y_N-y)^2] \text{ 為最小。} \qquad (14)$$

我們把含 x 的和含 y 的項分開，令

$$g(x) = (x_1-x)^2 + (x_2-x)^2 + \cdots + (x_N-x)^2$$
$$h(y) = (y_1-y)^2 + (y_2-y)^2 + \cdots + (y_N-y)^2 \qquad (14^*)$$

所以，$v(x, y) = g(x) + h(y)$，只要分別求 x 及求 y，使 $g(x)$ 及 $h(y)$ 為

最小，就好了。這是我們在國二學過的二次函數極小值問題。

5.2 重　心

所以 P 點應該選擇在 $(\overline{x}, \overline{y})$ 的位置。

但 $\overline{x} = \dfrac{x_1 + x_2 + \cdots + x_N}{N}$ 與 $\overline{y} = \dfrac{y_1 + y_2 + \cdots + y_N}{N}$　　　　(15)

分別是這些城鎮的橫坐標與縱坐標之平均，換句話說 P 點應在「平均位置」上，也就是「重心」所在。

5.3 加權平均

當然在物理學中，允許：質點的質量 $w_1, w_2, \cdots, w_N$ 不同，各各在 $A_1 \cdots A_N$ 的位置上，重心位於加權平均 $(\overline{x}, \overline{y})$ 處

$$
\begin{cases}
\overline{x} = \dfrac{w_1 x_1 + w_2 x_2 + \cdots + w_N x_N}{w_1 + w_2 + \cdots + w_N} \\
\overline{y} = \dfrac{w_1 y_1 + w_2 y_2 + \cdots + w_N y_N}{w_1 + w_2 + \cdots + w_N}
\end{cases}
$$
　　　(16)

這個地方，也就是使得

$$
\begin{aligned}
2v(x, y) = {}& w_1[(x_1 - x)^2 + (y_1 - y)^2] \\
& + w_2[(x_2 - x)^2 + (y_2 - y)^2] + \cdots \\
& + w_N[(x_N - x)^2 + (y_N - y)^2]
\end{aligned}
$$
　　　(17)

為最小的地方！（重心定理）

5.4 動力的解釋

我們把(16)式移項，成為

$$
w_1 x_1 + w_2 x_2 + \cdots + w_N x_N - (w_1 + \cdots + w_N)\overline{x} = 0
$$

或　　　　　$w_1(x_1 - \overline{x}) + w_2(x_2 - \overline{x}) + \cdots + w_N(x_N - \overline{x}) = 0$

與　　　　　$w_1(y_1 - \overline{y}) + w_2(y_2 - \overline{y}) + \cdots\cdots + w_N(y_N - \overline{y}) = 0$　　　　(18)

我們就可以用力學來解釋了：

　　諸力 $w_i\overrightarrow{PA_i}$ 成平衡（合力為零），每個力 $w_i\overrightarrow{PA_i}$ 都代表了彈性力，都向著「力心」A_i，大小都與 $\overline{PA_i}$ 成正比，彈性位能是 $w_i\overline{PA_i}^2$[其實還應該再除以 2]，而力的方向就是位能劇減的方向。

定理) 設 $v(P) \equiv \dfrac{1}{2}\{w_1\overline{PA_1}^2 + w_2\overline{PA_2}^2 + \cdots + w_N\overline{PA_N}^2\}$

$$F(P) = w_1\overrightarrow{PA_1} + w_2\overrightarrow{PA_2} + \cdots + w_N\overrightarrow{PA_N}$$　　　　(19)

那麼，重心 $(\overline{x}, \overline{y})$，如(16)式所定的，就是使 v 成為極小的點，也就是使 F 為零的點（重心定理）。

6　化為力學

　　在以上的例子（4.5、4.6 與 5.4），我們已經應用了力學概念。這又提醒了我：應該用力學來模擬原先的問題。

　　回想到國一時，讀過給你一把鑰匙，當中就有類似的「英雄救美」問題。那是討論這位英雄在水中和陸地的行動速度不同時，要怎樣才能最快速地救起溺水的美人。這個「最短時間」的問題，可以轉化成物理學上的位能最小問題，再利用位能最小原理：「一個體系，在位能最小的情況下，將穩定平衡。」就可以用合力來計算了。

　　所以對於這個垃圾處理場的位置問題，我也想要佈置一個系統，使其「位能」和運費 u 相同，（或只差一個常數，或正倍數），如此，在平衡時，位能就最小，因而 $u(P)$ 也就最小了。

6.1　化「運費極小」為「位能極小」

設有 N 條不計質量的絲線，第 i 條為 PA_iB_i，長為 ℓ_i，分成兩段，一段 PA_i 在桌面上，另一段 A_iB_i 從桌面邊緣的定點 A_i 自然下垂，如圖 5：

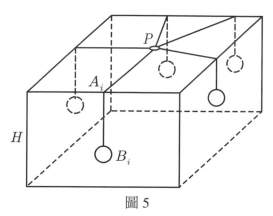

圖 5

所以 $\overline{A_iB_i} = \ell_i - \overline{PA_i}$，絲線下端繫有重量 w_i，高度為 h_i，又水平桌面之高度為 H，所以 $h_i = H - \overline{A_iB_i}$。

所有各線的另一端結成點 P，可以活動。

重量 w_i 的位能是

$$w_ih_i = (w_iH) - w_i\overline{A_iB_i} = w_iH - w_i\ell_i + w_i\overline{PA_i}$$

所以，全系統總位能是　$C + u$

其中，$C = w_1(H - \ell_1) + \cdots + w_N(H - \ell_N)$，是常數。

6.2　模擬裝置

⑴在計算過程中，我們把絲線當做「無重」計算。但在實際上，它的重量還是有關係的。（尤其我們是以電線作為「絲線」，重量當然

不可不計），但是在計算城鎮垃圾重量比時，我們把繩重加上法碼重，一塊兒算在比例中，那就不影響問題了。

(2)各絲線很難連結，所以我們用一環子勾住各絲線，也便於實驗時可以移動而不會卡住。

(3)如何模擬凹多角形？在桌面上挖個洞，固然是個辦法，但是老師指導我：張力可以轉換方向，只要讓絲線繞過一根釘子就好了。(如果要考慮太多的點，怕會纏繞在一起！)

6.3　位場與力場

在力學中，位場只有相對的意義，加減一個常數沒有絲毫影響，就好像「高度」可以從任何點起算一樣。所以我們的體系之位能以下就寫成

$$u(P) = w_1 \overline{PA_1} + w_2 \overline{PA_2} + \cdots + w_N \overline{PA_N} \tag{1}$$

我們還要考慮體系在此時所受合力。第 i 條絲線的拉力（張力）大小為 w_i，方向是「$\overrightarrow{PA_i}$ 的方向」。

我們用 $\overrightarrow{PQ}$ 表示「自 P 向 Q 的單位向量」，[但是 $P \neq Q$，否則失去意義] 那麼合力為

$$F(P) = w_1 \overrightarrow{PA_1} + w_2 \overrightarrow{PA_2} + \cdots + w_N \overrightarrow{PA_N} \tag{20}$$

所以我們已經引入兩個重要的角色：位場 u 和力場 F。

6.4　動力的觀點

力學裡，一個體系在位置 P 的狀況，就具位能 $u(P)$，$u(P)$ 隨 P 而變，這種函數關係叫做位場 u；同樣地，體系所受的力 $F(P)$ 也隨 P

而變，這就是力場 F；不過 u 是沒有方向性的，F 是有方向的；如果在某點 A，$u(A)$ 或 $F(A)$ 沒有定義，那麼這點 A 是 u 或 F 的奇點，通常 u 沒有奇點，F 卻可能有。

$$\text{（合）力 } F \text{ 的方向就是位能 } u \text{ 劇減的方向} \tag{21}$$

這是動力學的根本原則。（4.5 (11 *) 是一例）

根據這個原則，我們看出：位能 u 最小的所在 E，沒有太多選擇：

甲、E 不是 F 的奇點，而 $F(E) = 0$（平衡原則）。 （21）（甲）

證明 如果 $F(E)$ 有定義，而且 $F(E)$ 不是 0，那麼，沿著這方向走一點點，位移和力場同方向，力場就做了正功，位能就減少了，就和 $u(E)$ 極小的意思相矛盾了。

通常的說法是：

「位能極小，則合力平衡」，這是靜力學的根本原則，這裡假定此點不是力場的奇點。如果 $F(E)$ 沒有定義呢?

乙、E 是力學的奇點，但是，在 E 點附近，任何一點 P 的力 $F(P)$ 總是和 $\overrightarrow{PE}$ 夾銳角。（銳角原則） （21）（乙）

證明 從 P 到 E 做位移時，力場永遠做正功，根據能量不滅，這一定取之於位能，即 $u(P) - u(E) > 0$。

在一維問題 (4.5、4.6) 中，所得的結論甲與乙，就是這裡的原則甲與乙；——一維時，當然談不上夾角，因為只有 0° 與 180° 兩種夾角。（與其說「方向」，不如說「符號」）

在距離平方運費的問題中，力場絕無奇點，因此只有平衡原則（即 5.4）而已。

7 合力計算與動力觀

7.1 制圍原則

我們要計算許多力的合力，所以要一再使用平行四邊形定律（圖6）：

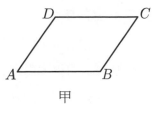

甲

假設 $ABCD$ 是平行四邊形，$\overrightarrow{AB}$, $\overrightarrow{AD}$ 代表兩力，則對角線段 $\overrightarrow{AC}$ 代表合力。

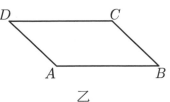

乙

以方向來說，$\overrightarrow{AC}$ 一定在 $\overrightarrow{AB}$ 與 $\overrightarrow{AD}$ 之間，但是，如果 $\overrightarrow{AB} > \overrightarrow{AD}$，那麼「小角對小邊」，可知 $\angle BAC$ 為銳角，因此有制圍原則：兩力大小不等，則合力在方向上由大力控制：合力與大力夾銳角。

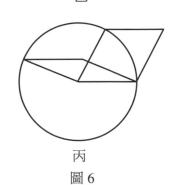

丙

圖6

7.2 合力方向之折衷性

兩力 $\overrightarrow{AB}$, $\overrightarrow{AD}$，不論大小，其合力 $\overrightarrow{AC}$ 在方向上一定是二者的折衷（除非 $\overrightarrow{AB} = -\overrightarrow{AC}$），所以 $\overrightarrow{AC}$ 與另一方向 $\overrightarrow{AE}$ 之差（即夾角），也是 $\angle BAE$ 與 $\angle DAE$ 之折衷！

定理 如果 $\overrightarrow{AE}$ 與 $\overrightarrow{AB}$, $\overrightarrow{AD}$ 各夾角 $\angle BAE$、$\angle DAE$ 都 $\leq \theta \leq 90°$；那麼 $\overrightarrow{AE}$ 與 $\overrightarrow{AC}$ 也夾角 $\angle CAE \leq \theta$。（折衷原則） (22)

[因為如圖 7，作 $\angle FAG$ 以 $\overrightarrow{AE}$ 為分角線，$\angle FAE = \angle EAG = \theta$ $< 90°$，則 $\overrightarrow{AB}, \overrightarrow{AD}$ 都在這角域內，折衷起來 $\overrightarrow{AC}$ 也在此範圍內。] 這也叫做諸力合成銳角原理： 諸 力 各 與 $\overrightarrow{PQ}$ 夾 角 $\leq \theta < 90°$，則合力亦然。

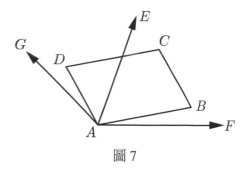

圖 7

7.3　菱形定律

如果兩力大小相等，則 $\square$ 成為菱形，則 $\overrightarrow{AB} \gtrless \overrightarrow{AC}$ 依夾角 $\angle BAD$ $\gtrless 120°$ 而定，合力 $\overrightarrow{AC}$ 則在分角線上；當二力反向時，則合力為零，反之，合力為零，則二力反向。（菱形定律）（見圖 6 丙）

7.4　兩鎮問題之動力觀

我們可以用動力學觀點討論兩鎮問題，如果不等權，$w_1 > w_2$，則 A_1 為平衡中心，這一點是 $F(P) = w_1 \overrightarrow{PA_1} + w_2 \overrightarrow{PA_2}$ 的奇點，但是，在 A_1 之外的任一點 P，$F(P)$ 為兩力 $w_1 \overrightarrow{PA_1}$ 與 $w_2 \overrightarrow{PA_2}$ 之合力，因而與大力 $w_1 \overrightarrow{PA_1}$ 夾銳角，即是 $F(P)$ 與 $\overrightarrow{PA_1}$ 夾銳角，根據銳角原則，A_1 為安定平衡點。

如果兩鎮等權呢？根據菱形定律，那麼「$F(E) = 0$」，表示「E 在 $\overline{A_1A_2}$ 上」；反過來說，若 E 在 $\overline{A_1A_2}$ 上，不但 $F(E) = 0$，而且在 $\overline{A_1A_2}$

外的任一點 P，合力 $F(P)$ 總是與 $\overrightarrow{PE}$ 夾銳角，合乎銳角原則。

（如圖 8，$F(P)$ 在 $\angle A_1PA_2$ 分角線上，故和 $\overrightarrow{PE}$ 夾角 $< \dfrac{1}{2}$

$\angle A_1PA_2 < 90°$）

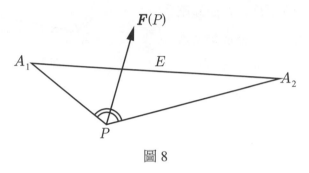

圖 8

7.5 四鎮等權且正常：動力觀

若 $N = 4$ 而等權，在正常的情形下，平衡心 E 將使 $F(E) = 0$，我們用動力觀點證明：E 必為對角線交點。

現在用 $\overrightarrow{P'A_i'}$ 來代表四個力，大小都相等，我們要證明「合力為 0，就表示，$A_1'P'A_3'$ 共線，$A_2'P'A_4'$ 也共線」這裡 A_i' 都在圓 P' 上如圖 9，並且照順序排序。

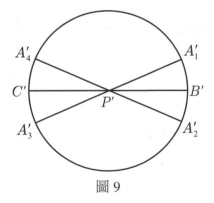

圖 9

今 $(\overrightarrow{P'A_1'} + \overrightarrow{P'A_2'})$ 的方向在 $\angle A_1'P'A_2'$ 分角線 $\overrightarrow{P'B'}$ 上，

$(\overrightarrow{P'A_3'} + \overrightarrow{P'A_4'})$ 方向在 $\angle A_3'P'A_4'$ 分角線 $\overrightarrow{P'C'}$ 上，二者又是合力為 0，所以方向相反。即：

$$\angle B'P'A_2' + \angle A_3'P'C' + \angle A_2'P'A_3' = 180°$$

$$\angle B'P'A_1' + \angle A_4'P'C' + \angle A_1'P'A_4' = 180°$$

但因

$$\angle B'P'A_2' = \angle B'P'A_1', \ \angle A_3'P'C' = \angle A_4'P'C'$$

所以

$$\angle A_2'P'A_3' = \angle A_1'P'A_4'$$

同理

$$\angle A_2'P'A_1' = \angle A_4'P'A_3'$$

這四角之和為 360°，所以

$$\angle A_2'P'A_3' + \angle A_2'P'A_1' = \angle A_1'P'A_4' + \angle A_2'P'A_3', \ （即 = 180°） 因而$$
$A_1'P'A_3'$ 共線，$A_2'P'A_4'$ 也共線。

7.6　四鎮等權彆扭：動力觀

現在再考慮如圖 3 那種彆扭的情形，我們注意到 $\angle A_1A_4A_2$，$\angle A_2A_4A_3$ 及 $\angle A_3A_4A_1$ 都小於平角 180°。

利用銳角原則，我們要證明：當 P 接近 A_4 時，$F(P) = \overrightarrow{PA_1} + \overrightarrow{PA_2} + \overrightarrow{PA_3} + \overrightarrow{PA_4}$ 與 $\overrightarrow{PA_4}$ 夾銳角！

根據制圍原理 (7.1)，我們只要證明：$F'(P) = \overrightarrow{PA_1} + \overrightarrow{PA_2} + \overrightarrow{PA_3}$ 的大小，小於 $\overrightarrow{PA_4}$ 的大小，即 1。

因為 P 極接近 A_4，所以 $F'(P)$ 與 $\overrightarrow{A_4A_1} + \overrightarrow{A_4A_2} + \overrightarrow{A_4A_3} = F''$ 極接近，我們只要證明：$|F''| < 1$ 就好了，這留到後面 8.3 處理。（事實上我是先做出 8.2 才想出來的）

8 等權三鎮的情形

8.1 三力 120° 定理

等權三鎮的情形反倒比四鎮的情形更難，我是先從動力學的觀點猜出答案的：

若 $F(E) = \overrightarrow{EA_1} + \overrightarrow{EA_2} + \overrightarrow{EA_3} = 0$

那麼 $\angle AEA_2 = 120° = \angle A_2EA_3 = \angle A_3EA_1$ (23)

（「三力 120° 定理」，這樣叫比較簡潔。）

改畫在圓 O 上如圖 10，在圓上取三點 A, B, C，

要證明：若 $\overrightarrow{OA} + \overrightarrow{OB} + \overrightarrow{OC} = 0$，則

$$\angle AOB = 120° = \angle BOC = \angle COA$$

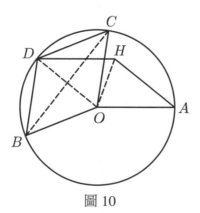

圖 10

證明 如圖 10，作 $\square OBDC$，則 $\overrightarrow{OB} + \overrightarrow{OC} = \overrightarrow{OD}$ 與 $\overrightarrow{OA}$ 大小相同，方向相反，即 DOA 在一直線上，且 $\overline{OD} = \overline{OA} = \overline{OB}$ 即 $\overparen{BC}$ 之圓心角為 120°（用菱形定律）。

8.2　三力合力的垂心定理

可是我想到為什麼不直接用作圖法計算 $\overrightarrow{OA} + \overrightarrow{OB} + \overrightarrow{OC}$ 呢？結果我發現了三力合力的垂心定理。

定理　設 $\overrightarrow{OA} = \overrightarrow{OB} = \overrightarrow{OC}$，三力 $\overrightarrow{OA}, \overrightarrow{OB}, \overrightarrow{OC}$ 的合力為 $\overrightarrow{OH}$，則 H 為 $\triangle ABC$ 的垂心。

證明　先作 $\square OBDC$ 如圖 10，再作 $\square ODHA$，

那麼 $\overrightarrow{OB} + \overrightarrow{OC} = \overrightarrow{OD}$, $\overrightarrow{OD} + \overrightarrow{OA} = \overrightarrow{OH}$，

此時　$\overline{AH} /\!/ \overline{OD}$，但 $\overline{OD} \perp \overline{BC}$（$OBDC$ 是菱形），

故　$\overline{AH} \perp \overline{BC}$；

同理　$\overline{BH} \perp \overline{CA}$, $\overline{CH} \perp \overline{AB}$，

即　H 是 $\triangle ABC$ 的垂心。

我們也可以由此證明「三力 120° 定理」：

合力為 $0 = \overrightarrow{OH}$，即垂心 $H =$ 外心 O，故重心也是 O，故 $\triangle ABC$ 為正 $\triangle$ 而 $\angle AOB = 120° = \cdots\cdots$。

8.3　完成 7.6

在這裡我們先解決掉 7.6 中遺留下來的問題。

那裡的三個角 $\angle A_1 A_4 A_2$, $\angle A_2 A_4 A_3$ 及 $\angle A_3 A_4 A_1$ 都小於平角，這是此地的圓心角，故圓周角 $\angle A$, $\angle B$, $\angle C$ 都是銳角，銳角三角形的垂心 H 在 $\triangle$ 內，於是 $\overline{OH}$ 小於外接圓半徑 $\overline{OA}$，這就解決了問題。

現在回到三力 120° 定理來，我們要證明這個主要的定理（正常三點平衡中心定理）：

定理　若 $\triangle A_1A_2A_3$ 的三個角都不超過 120°，則當三角形內一點 E，使 $\angle A_1EA_2 = \angle A_2EA_3 = \angle A_3EA_1 = 120°$ 時，$u(E)$ 為極小。

有沒有這樣的一點 E？先要把它做出來。

分析

因為 $\angle A_1EA_2 = 120°$，如果作 $\triangle A_1EA_2$ 的外接圓，在圓上任取一點 G，於優弧（上），則 $\angle A_1GA_2 = 60°$，所以反過來說，作正 $\triangle GA_1A_2$ 於外側，再做其外接圓，則 E 在圓上，劣弧這邊。

幾何作法：

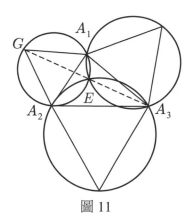

圖 11

以 $\triangle A_1A_2A_3$ 三邊，分別向外作正 $\triangle$ 形如圖 11，這三個三角形的外接圓相交於點 E，則 E 即為所求！

證明　0.設 E 為圓 A_1A_2 與圓 A_2A_3 之交點

1.∵$\triangle GA_1A_2$ 為正三角形，∴$\angle G = 60°$

∴$\angle A_1EA_2 = 120°$

2.∴$\angle A_1GA_2 = 240°$，∴$\angle A_1EA_2 = 120°$

3.同理，$\angle A_2EA_3 = 120°$

故 $\angle A_3EA_1 = 120°$，故 E 在圓 A_3A_1 上

另一個作圖法可能更簡單：只要做一個外接圓過 $A_1A_2GA_1$，連 A_3 G，交圓於點 E，就好了，因為 $\angle A_1EG = 60°$，故 $\angle A_1EA_3 = 120°$ 同理，$\angle A_2EA_3 = 120°$；而 $\angle A_1EA_2$ 本來就是 $120°$。

8.5 證 明

現在證明：任取一點 $P \neq E$，則 $u(P) > u(E)$。

我們知道 PA_1GA_2 是凸四角形，參看圖 11。根據 Ptolemy 定理，

$$\overline{PA_1} \cdot \overline{A_2G} + \overline{PA_2} \cdot \overline{A_1G} \geq \overline{PG} \cdot \overline{A_1A_2}, \tag{24}$$

但現在 $\overline{A_1A_2} = \overline{A_1G} = \overline{A_2G}$，

∴$\overline{PA_1} + \overline{PA_2} \geq \overline{PG}$；

再加上 $\overline{PA_3}$，所以

$$\overline{PA_1} + \overline{PA_2} + \overline{PA_3} \geq \overline{PG} + \overline{PA_3} \geq \overline{GA_3},$$

即 $u(P) \geq u(E)$，前一個等號表示 PA_1GA_2 四點共圓，後一等號表示 G、P、A_3 共線，故 $P = E$ 時，方有 $u(P) = u(E)$。

註：這是從日人長澤龜之助的數學大辭典（幾何 2299 題）找到的！

8.6 彆扭的情形：某一鈍角超過 120°

以上所述，都是正常的情形，現在考慮彆扭狀況。

定理 若 $\angle A_2 A_1 A_3 > 120°$，則 u 的極小點為 A_1（彆扭三點平衡中心定理）。

證明 設 P 在 $\triangle A_1 A_2 A_3$ 內，如圖 12，自 P 作 $\overline{PS} \perp \overline{A_1 A_2}$ 及 $\overline{PT} \perp \overline{A_1 A_3}$，可設垂足 S 在 $\overline{A_1 A_2}$ 內，垂足 T 在 $\overline{A_1 A_3}$ 內。

今　$\overline{EA_2} - \overline{PA_2} < \overline{SE}$，

　　$\overline{EA_3} - \overline{PA_3} < \overline{TE}$，

只要證明 $\overline{SE} + \overline{TE} < \overline{EP} = \overline{PA_1}$ 就好了。

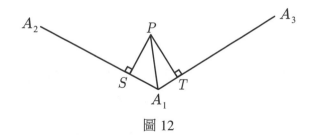

圖 12

今 P, S, E, T 四點共圓，以 PE 為直徑，

（因為 $\angle PSE = 90° = \angle PTE$）而 $\angle SET > 120°$，我們引用如下的弓形邊長定理就好了。

定理 固定之弓形角 $\angle SET$，其兩邊和 $\overline{SE} + \overline{ET}$，當 E 在弧中點 R 時為最大。

今 $\angle SET > 120°$，$\overline{RS} <$ 半徑，對應的圓心角 $\angle SPT < 120°$，$\angle RPT < 60°$，故 $\overline{RT} <$ 半徑，$\overline{SR} + \overline{RT} <$ 直徑。

8.7 證明弓形邊長定理

今設 R 為圓弧 $\overset{\frown}{SRET}$ 之中點，如圖 13，直線 SEU 截圓弧 $\overset{\frown}{RT}$ 於 E 點，且 $\overline{EU} = \overline{ET}$，則由 SAS，$\triangle REU \cong \triangle RET$。[SAS，因為：$\overline{RE}$ 共用，$\overline{EU} = \overline{ET}$ 是已知。

而 $\angle REU$ 和 $\angle RES$ 互補，

$\quad \angle RET$ 和 $\angle RST$ 互補，（共圓四點！）

$\quad \angle RES = \angle RST$，對等弧 $\overset{\frown}{RS} = \overset{\frown}{RT}$ 也。]

$\overline{SE} + \overline{ET} = \overline{SU} < \overline{SR} + \overline{RU} = \overline{SR} + \overline{RT}$

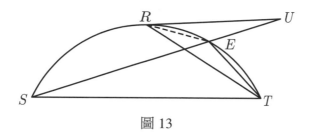

圖 13

8.8 彆扭情形的動力觀

我們也可以用動力學觀點來計算。

我們證明 $A_1 = E$ 滿足鈍角原則：（A_1 是 F 的奇點）今設 Q 極接近 A_1，則 $F(Q) = \overrightarrow{QA_2} + \overrightarrow{QA_3} + \overrightarrow{QA_1}$ 的前二項極接近 $\overrightarrow{A_1A_2} + \overrightarrow{A_1A_3}$，這兩個單位向量之和，方向在分角線上，而大小不到 $1 = \left| \overrightarrow{QA_1} \right|$，因為夾角 $\angle A_2A_1A_3 > 120°$。

根據制圍原則，$F(Q)$ 與 $\overrightarrow{QA_1}$ 夾銳角！

9　補　充

9.1　　我想：如下的凸形原理應該是很顯然的：

若 A_1, A_2, $\cdots$, A_K 成為一個凸多角形，而其它 $(N-k)$ 個點 A_{K+1}, $\cdots$, A_N 都在凸多角形內部，那麼 E 點也應該在這個凸多角形區域內，才能夠使 $u(E)$ 極小！ $(2 \le k \le N)$

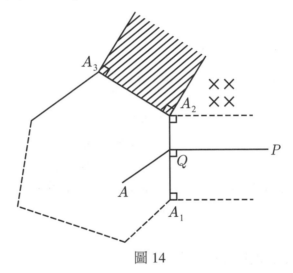

圖 14

證明：如圖 14，若 P 點在這個凸多角形的外面，那麼在多角形周邊上可以找到最接近 P 的一點 Q。從各邊 $\overline{A_1A_2}$, $\overline{A_2A_3}$, ……向外作垂線，這是這一邊的「轄區」（圖中 ////////// 區）；若 P 在此區內，則作 $\overline{PQ}$ 垂直此邊，垂足 Q 就是所求！若在兩轄區之間的角隅 ($\begin{smallmatrix}\times\times\\\times\times\end{smallmatrix}$)，就取角點為 Q。

對於這個凸多角形區域內的任一點 A，$\overline{QA}$ 與 $\overline{QP}$ 成一鈍角，$\angle PQA \ge 90°$，所以，$\overline{AP} > \overline{QA}$，故 $u(P) > u(Q)$。證畢。　　(25)

9.2 我們也可以用銳角原則來驗證!

事實上，此時 $F(P)$ 與 $\overrightarrow{PQ}$ 恆夾銳角，因此自 P 點往 Q 走時，位能將減少! 因 $\overrightarrow{PQ}$ 與 $\overrightarrow{PA_i}$ 夾銳角，而 $F(P)$ 是諸 $\overrightarrow{PA_i}$ 合力，只要用上 7.2 合成諸力銳角的原則就好了。

9.3

一般的 N 鎮問題 $(N \geq 3)$ 我完全不懂。我們猜想一定有 u 的極小點。[事實上凸多角形（閉）區域是緊緻的，而 u 是連續的，P 做微小變動時，$u(P)$ 也只做微小變動，根據高等微積分學；u 一定有極小點!]

但是我們可以完全解決:「u 的極小點不唯一」的情形:

平衡心段定理　若兩相異 E_1, E_2 是 u 的極小點，則所有 A_i 各鎮與 E_1, E_2 共線，並且線段 $\overline{E_1E_2}$ 上的點都是極小點。

[我們稱之為平衡心段!]

證明 三角形 $\triangle AE_1E_2$ 中兩邊平均 $\frac{1}{2}(\overline{AE_1}+\overline{AE_2})$ 大於中線 $\overline{AE_0}$

（如圖 15），除非 A、E_1、E_2 共線，此時對線段 $\overline{E_1E_2}$ 上各

點 E，$\overline{AE}$ 總是 $\overline{AE_1}$ 與 $\overline{AE_2}$ 之加權平均!

所以 $u(E_0)=w_1\overline{A_1E_0}+w_2\overline{A_2E_0}+\cdots+w_N\overline{A_NE_0}$ 總是小於

$\frac{1}{2}\{u(E_1)+u(E_2)\}$，除非 A_i, E_1, E_2 共線!

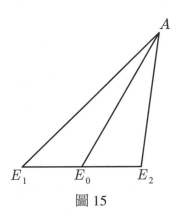

圖 15

參考文獻

長澤龜之助　數學大辭典（幾何）　人文出版社翻版

給你一把鑰匙　談類推——Heron 與 Fermat 定理　正中書局

（民國七十三年）

索　引

ㄊ

ㄐ

ㄑ